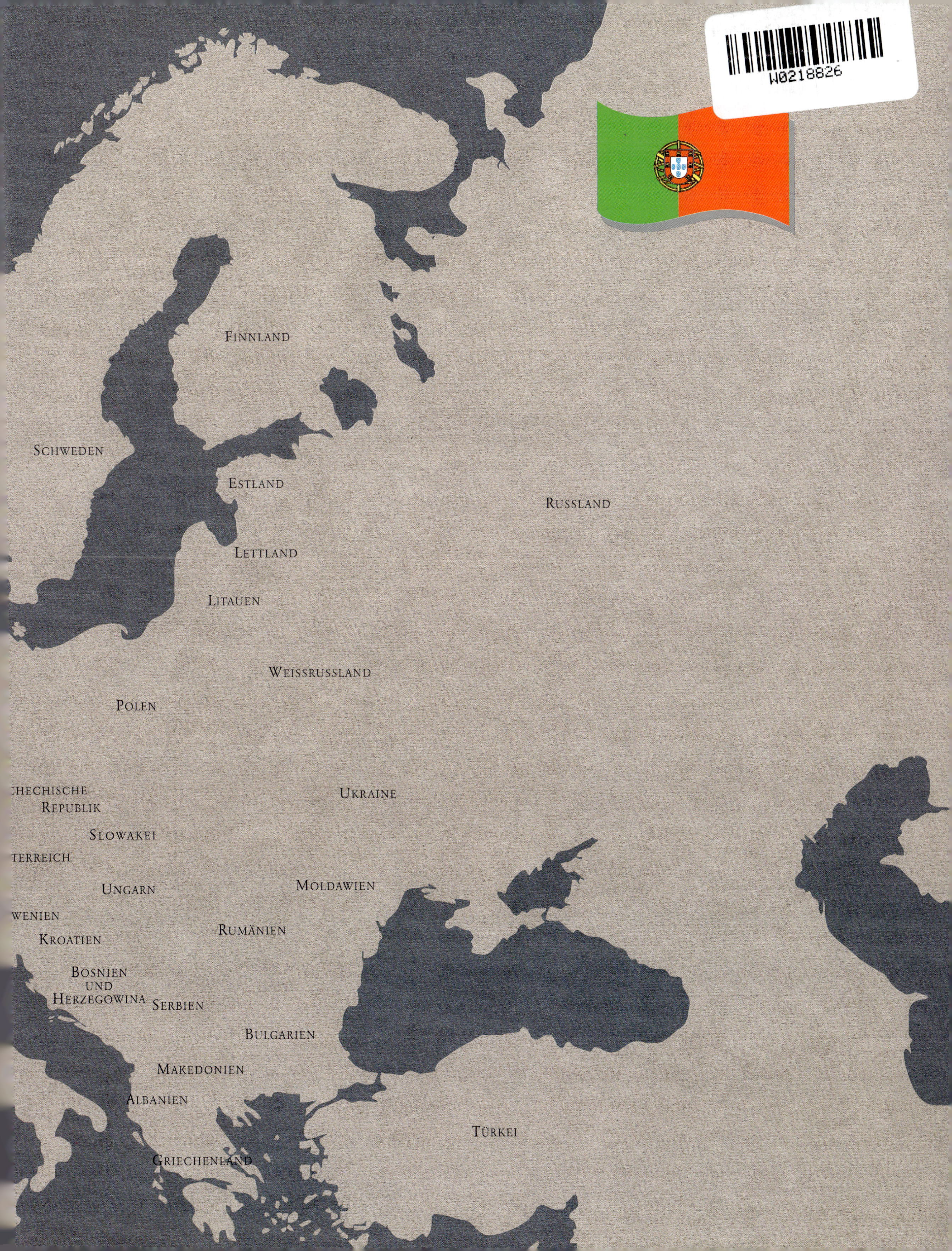
FINNLAND
SCHWEDEN
ESTLAND
RUSSLAND
LETTLAND
LITAUEN
WEISSRUSSLAND
POLEN
HECHISCHE
REPUBLIK
UKRAINE
SLOWAKEI
TERREICH
UNGARN
MOLDAWIEN
WENIEN
KROATIEN
RUMÄNIEN
BOSNIEN
UND
HERZEGOWINA
SERBIEN
BULGARIEN
MAKEDONIEN
ALBANIEN
TÜRKEI
GRIECHENLAND

PORTUGAL

Der Portugiese ist zu allem fähig, solange man es von ihm
nicht erwartet. Wir sind ein großes Volk vertagter Helden.
Wir schlagen jedem Abwesenden ins Gesicht, erobern umsonst
jede Traumfrau, und wir wachen fröhlich auf – spätmorgens –
mit der bunten Erinnerung an große unausgeführte Taten.
Im unbestimmten Dazwischen singen wir ernsthaft den Fado.
Der Lyrismus, sagt man, ist die höchste Eigenschaft der Rasse.
Jedesmal singen wir noch einen Fado.

Fernando Pessoa, 1979

DEUS ME GUARDE
FIBRAMAR
YAMAHA

PORTUGAL

Fotografie Fritz Dressler
Text Ulrich Fleischmann

Bucher

INHALT

Seite 1: Musikantennachwuchs aus Vagos. Das Akkordeon zählt zur breiten Palette traditioneller Instrumente in Portugal.

Seite 2/3: Fischerboote am Strand von Albufeira, einem der bekanntesten Badeorte der Algarve.

Oben: Blick auf die Alfama in Lissabon. Das Altstadtviertel mit seinen engen Treppengassen und stimmungsvollen Plätzen ist besonders am Abend Ziel vieler Besucher.

Seite 6/7: Óbidos ist vollständig von einer mächtigen Stadtmauer aus dem 12. Jahrhundert umgeben. Wegen seines einheitlichen mittelalterlichen Stadtbildes wurde es zum Nationalmonument erklärt.

Seite 8/9: Die bizarren Felsformationen der Ponta da Piedade liegen etwas außerhalb von Lagos und sind am besten vom Boot aus zu bestaunen.

R E I S E F Ü H R E R

Ulrich Fleischmann

Friedlich schaukeln die Boote im Hafen von Sesimbra, einem alten Fischerstädtchen wenige Kilometer südlich von Lissabon. Sesimbra ist wegen der hier angebotenen Schwertfische bekannt.

Portugal – Geschichte und Geschichten vom Rand Europas

Ulrich Fleischmann

Portugal, die älteste Nation Europas, deren Grenzen seit über 800 Jahren unverändert geblieben sind, steht, so lautet ein geflügeltes Wort, mit dem Rücken zu Europa. Hier, im äußersten Westen unseres Kontinents, blickt es seit Jahrhunderten hinaus auf den Atlantik und wartet: auf die Schiffe, die im 12. Jahrhundert die Kreuzfahrer zur Vertreibung der Mauren an Land setzten; die Schiffe, die im 16. Jahrhundert beladen mit Spezereien aus Asien zurückkehrten; die Schiffe, die im 18. Jahrhundert Gold und Diamanten aus Brasilien brachten, und auf andere, die im 20. Jahrhundert mit Rohstoffen und tropischen Gütern aus Afrika beladen waren. Seit 1974, und mehr noch seit der Aufnahme in die Europäische Gemeinschaft 1986, wechselt das Land den Blickwinkel: Es schaut nach Europa, von wo, fast gewaltsam, moderne Produktion und postmoderner Lebensstil das Land überrollen.

Guimarães: Der Anfang der Geschichte

Es war einmal ein Prinz ohne Land, und da er als viertgeborener Sohn keine Aussicht auf die kleinste Apanage hatte, zog er wie viele andere landlose Prinzen durch die Welt, um gottgefällige Ruhmestaten zu vollbringen und sich dabei vielleicht auch ein kleines Reich zu erobern. Glücklicherweise hatte unser Prinz, der Heinrich hieß und aus dem Haus Burgund stammte, gewisse Familienbindungen zu einem Alfons VI., der König im spanischen León war und eine nicht sehr attraktive und noch dazu uneheliche Tochter zu verheiraten hatte. Als Dreingabe bekam Heinrich bei seiner Vermählung eine abgelegene Grafschaft: den Süden Galiciens rund um die Stadt Porto bis zum Mondego-Fluß, an dem bereits die Herrschaft der Mauren begann.

Der Beginn der portugiesischen Geschichte als ein Rittermärchen – warum nicht? Es gibt aus heutiger Sicht kaum zwingende Gründe, warum sich am äußersten Rand der Iberischen Halbinsel ein eigenes Reich entwickelt hat. Lag es an den natürlichen Gegebenheiten? Fast alle geomorphen Formationen – die Gebirge, die Meseta Central, die Schwemmländer des Südens, ja sogar die meisten Flüsse verlaufen von Ost nach West, so daß Portugal außer zwei kleinen Flußstücken keine von der Natur gebildeten Grenzen hat. Waren Unterschiede in der Kultur dafür verantwortlich? Sicherlich leben und sprechen die Portugiesen heute anders als die Spanier – aber zur damaligen Zeit? Bestanden solche Unterschiede nicht auch mit Bewohnern anderer Regionen, etwa den Leonesen oder den Aragonesen, ganz zu schweigen von den Katalanen oder gar den Basken? Oder wie steht es mit den Galiciern, die ebenfalls portugiesisch sprechen – auch wenn es hier nur als spanischer Dialekt gilt?

So setzen denn auch die Portugiesen den Anfang ihrer nationalen Geschichte mit der Ankunft jenes Heinrich in den letzten Jahren des 11. Jahrhunderts gleich. Die Zeit und die Umstände erforderten furchtlose Ritter: Im Jahr 711 waren maurische Heere auf der Iberischen Halbinsel gelandet und hatten sie in wenigen Jahren fast ganz in ihre Hand gebracht. Nur im gebirgigen Norden konnten sich die letzten christlichen Könige halten. Der bei Heinrichs Ankunft seit über 300 Jahren währende Kleinkrieg um die letzten Bastionen der alten westgotischen Reiche hatte eine besondere Bedeutung: Es ging um

den Schutz des Pilgerweges, der durch die asturischen Berge nach Santiago de Compostela, zum angeblichen Grab des heiligen Jakob, führte – einem der heiligsten Orte der Christenheit, der Rom und Jerusalem fast gleichgestellt war: Santiago zu verteidigen wurde zur höchsten Christenpflicht und kam an Bedeutung den Kreuzzügen in den Orient gleich. So hatte sich Heinrich nicht nur ein Lehen eingehandelt, sondern auch eine Aufgabe: den Schutz des heiligen Ortes gegen den ungläubigen Süden.

Was für ein Mensch der Gründer des portugiesischen Staates wirklich war, kann man heute nur ahnen. Er erscheint als eine Sagengestalt: der tapfere Ritter, der in dem kleinen Landstädtchen Guimarães, der «Wiege der portugiesischen Nation», eine gewaltige Burg aus Steinquadern errichtete. Hier taufte er einen Sohn, der den Namen Afonso Henriques bekam, und der es später mit Taktik und Ränkespiel erreichen sollte, der erste wirkliche, von León abgenabelte portugiesische König zu sein – Afonso I.

Oben: Fast zweieinhalb Kilometer lang ist die Ponte 25 de Abril, die in Lissabon seit 1966 den Rio Tejo quert und Nord- und Südufer verbindet. Damit schlägt sie auch eine Brücke zwischen alten und neuen Stadtvierteln, zwischen Vergangenheit und Zukunft.

Rechts, von oben nach unten: Von Nord nach Süd quert man in Portugal extreme Klimazonen: Trocken und heiß wird es im Nordosten, hier Lindoso im Nationalpark Peneda-Gerês; feucht und kühl ist es am Atlantik; mildes Klima herrscht an der Algarve.

Mehr noch als sein Vater wurde Afonso Henriques zur Sagengestalt der Reconquista, der Vertreibung der Mauren. Diese nannten ihn den «Schrecklichen», die Christen bezeichneten ihn als «Maurentöter» – ganz wie den heiligen Jakob, dessen Grab er verteidigte. Vor der Burg von Guimarães steht seine Statue: ein Hüne von übermenschlicher Größe, angetan mit Helm und Kettenhemd, das blanke Schwert in der Faust, nach Süden weisend. Noch unter seiner Herrschaft, die bis 1185 dauerte, ereigneten sich die symbolträchtige Niederlage der Mauren bei Ourique (1139), die Eroberung von Lissabon und Santarém (1147), von Évora und Beja (1159) und die ersten Einfälle in das Herzstück der maurischen Herrschaft, die Algarve. 1249 fiel, nun unter Afonso III., die letzte maurische Bastion Faro, das damals Santa Marya al-Harun hieß: Portugal hatte, fast 250 Jahre vor Spanien, die Reconquista abgeschlossen und seine zukünftige Gestalt angenommen: ein Reich, dessen Grenzen sich nur noch wenig ändern sollten.

Szenen aus dem Alltagsleben. Links oben: Obst und Gemüse gibt es jeden Montag auf der Praça da República, dem Hauptplatz von Caldas da Rainha, zu erstehen. – Links unten: Olivenernte im Alentejo. Nachdem die Oliven mit Stangen von den Bäumen geschlagen wurden, werden sie in den zuvor ausgelegten Netzen gesammelt. – Mitte oben: Die alltägliche Arbeit der Fischer von Albufeira. Die Netze müssen gesäubert und für einen neuen Einsatz vorbereitet werden. – Rechts unten: Auf dem Marktplatz von Barcelos. Der Ort ist Heimat der heute überall in Portugal anzutreffenden Hähne aus bunt lasierter Keramik, einem idealen Souvenir.

Rechts oben: Zigarettenpause nach getaner Arbeit. Dem Charakterkopf dieses Fischers aus Albufeira haben sich die zahllosen Stunden auf dem Meer eingebrannt. – Rechts unten: Im Bauernland nördlich von Silves. Im Schatten eines alten Olivenbaumes sucht ein Hirte mit seinen Ziegen Schutz vor der sengenden Mittagshitze. Im Landesinneren kann man eine solche scheinbar idyllische Szenerie immer wieder antreffen. – Links unten: Zum Trocknen wird der Fang auf zwischen Holzrahmen gespannte Gitterroste ausgelegt. In Nazaré ist das weitgehend noch unverfälschte Leben und Arbeiten der Fischer besonders gut zu beobachten.

Die Minhotos – Menschen aus dem Norden

Dies alles sollen die Minhotos, die Menschen aus dem Minho im Norden, geleistet haben, deren Nachfahren heute behäbige Händler und Handwerker, einfache Leute, sind? Sie waren wohl auch dabei, einige wenige als Ritter, die meisten im Troß. Die Reconquista war ein wilder und verworrener Krieg. Die meisten Eroberungen ergaben sich aus glücklichen Umständen: Rivalitäten zwischen den maurischen «Taifas», den Fürstentümern, spielten eine große Rolle, mehr noch aber die sozialen Verhältnisse der Zeit: Tausende von zweiten und dritten Söhnen von Rittern, die ohne Land und Erbe geblieben waren, machten Europa unsicher. Krieg war ihr Metier, Beute ihr Ziel, und die Verherrlichung des Kampfes gegen die Ungläubigen gab ihnen ein besonderes Recht. So zogen sie an den iberischen Küsten entlang und boten ihre Dienste an. Mindestens sechsmal wurden solche Kreuzfahrerheere von den portugiesischen Königen angeheuert und für größere Unternehmungen eingesetzt – ein sehr gefährliches Geschäft, wie die Chroniken verschiedentlich berichten. So hat man für die Eroberung von Lissabon 13 000 landesfremde Raufbolde – Engländer, Flamen, Franzosen, Deutsche – angeworben, die ihre Bedingungen stellten: Als Kriegslohn forderten sie das Recht zur Plünderung, doch versuchte der portugiesische Kriegsherr, der ja später das eroberte Land nutzen wollte, dies zeitlich zu begrenzen. Vier Tage sollten sie in Lissabon brennen und rauben dürfen, doch die fremde Soldateska geriet so außer Rand und Band, daß schließlich der portugiesische König seine eigenen Truppen gegen die «Kreuzfahrer» einsetzen mußte. Ebenso widersinnig ging es bei der Eroberung von Évora zu, die einem notorischen und gesuchten Raubritter eher beiläufig gelang. Er bot die Stadt seinem König Afonso an und erreichte damit nicht nur Begnadigung, sondern auch einen guten Namen: Geraldo Sem-Pavor, «Gerald ohne Angst», gilt heute noch als der Held der Stadt.

Natürlich darf man nicht alle Kreuzritter über einen Kamm scheren: Viele von ihnen gehörten militärischen Orden an, die sich den Schutz der heiligen Stätten zur Aufgabe gemacht hatten und ihre Mitglieder unter Kontrolle hielten. Die Templer waren der reichste und größte der Orden; hinzu kamen in Portugal die Hospitalenser, der Santiago-Orden und der «nationale» Orden von Avis, der für das spätere Geschick des Landes eine entscheidende Rolle spielen sollte. Aber auch die Orden kämpften nicht umsonst. Sie beanspruchten und erhielten den größten Teil des eroberten Landes und gaben es an ihre Bauern weiter. Die Krone sah auch dies mit gemischten Gefühlen: Die Herrschaft über das Land zerfiel, gute Bauern aus dem Minho wurden zu Pachtknechten, und es entstanden immer neue Konflikte mit der Kirche, die immer mehr Land für Klöster brauchte. Alle frühen portugiesischen Könige wurden exkommuniziert, krochen aber in ihren letzten Lebensjahren demütig zu Kreuze, um ihr Recht auf einen geweihten Stein-Sarkophag nicht zu verwirken. Bis in diese frühen Jahre reicht die noch heute bestehende Haßliebe zwischen Kirche und Staat in Portugal zurück.

Trotz allem: Aus der eroberten und verbrannten Erde wurde in wenigen Jahrzehnten portugiesisches Land. Diese große Binnenkolonisation, die in den folgenden Jahrhunderten auch die portugiesische Sprache in alle Teile der Welt bringen sollte, wurde nicht von Königen, Militärorden und Raubrittern geleistet, sondern von den Minhotos. Sie hatten in einem eng umgrenzten Gebiet gelebt, das südlich des Flusses Minho begann und den Hafen Porto einschloß – mitsamt des am anderen Ufer liegenden Städtchens Cale, dem heutigen Gaia. Beide zusammen hatten Heinrichs Grafschaft ihren Namen gegeben: Portu-Cale, oder – von den Einheimischen vereinfacht – Portugal. Mit einer Fläche von etwa 35 000 Quadratkilometern war es kein großes Land, doch konnte es, wenn man die Größe anderer Fürstentümer und sogar Königreiche auf der Iberischen Halbinsel betrachtete, ganz gut mithalten. Mehr noch: Dieses Portugal war vergleichsweise dicht bevölkert. Allein die Stadt Braga zählte damals schon etwa 100 000 Einwohner und die ganze Grafschaft um die 400 000 Menschen. Zu viele Menschen, zu kleine Äcker, zu habgierige Landbesitzer: Hinter den Eroberern zogen die Landlosen

Fortsetzung Seite 33

Eine doppelläufige, mit Brunnen, Figuren, Urnen und Medaillons reich geschmückte Treppenanlage führt zur berühmten Wallfahrtskirche Bom Jesús do Monte (1784–1811) auf dem Monte Espinho (564 m) bei Braga. Wem die fünfhundert Stufen zuviel sind, der kann auch eine Zahnradbahn benutzen.

Nächste Doppelseite: Das mittelalterliche Bragança entwickelte sich innerhalb des doppelten Mauerrings einer wehrhaften Festung. Die gewaltige Anlage wurde 1187 im Auftrag des Königs Sancho I. errichtet und diente als Bollwerk gegen Spanien.

Diese «espigueiros», Maisspeicher aus Granit, stehen in Lindoso, einem Bergdorf im Peneda-Gerês-Nationalpark an der Grenze zu Spanien. Sie sind typisch für die Region im Norden Portugals.

Der Friedhof von Lindoso. Das Dorf ist ein guter Ausgangspunkt für Wanderungen in die Berge der Umgebung. Außerdem gibt es hier ein von König Dinis I. im späten 13. Jahrhundert erbautes Kastell zu besichtigen.

Einsam geht eine alte Frau ihres Wegs zwischen den groben Steinmauern des Orts Gralhos im Peneda-Gerês-Nationalpark. In vielen Dörfern dieser Gegend leben fast nur noch ältere Menschen, die Jungen sind abgewandert, in die größeren Städte oder ins Ausland.

Eine Hochzeit ist in Portugal immer ein großartiges Fest: Mit Begeisterung sind diese beiden Brautjungfern in Bragança bei der Sache, während die stolzen Brauteltern ihre Tochter vor die Kirche geleiten.

Wie hier im noch deutlich vom Mittelalter geprägten Barcelos findet in jeder portugiesischen Stadt mindestens einmal pro Woche ein Markt statt. Hier darf probiert und um den Preis gefeilscht werden.

Geheiratet wird in Portugals konservativem Norden nur mit dem Segen der Kirche: Ein junger Priester vor der Hochzeitszeremonie.

Auf dem Markt in Barcelos. Die malerische Stadt liegt inmitten einer fruchtbaren Region am Ufer des Rio Cávado, und die landwirtschaftlichen Produkte der Umgebung gelangen frisch auf den Marktplatz.

Nächste Doppelseite: Die Brücke Dom Luís I. verbindet Porto am rechten Ufer des Douro mit dem gegenüberliegenden Vila Nova de Gaia (im Bild), dem Zentrum des Portweinhandels. Die Eisenkonstruktion wurde von 1881 bis 1885 errichtet und besitzt zwei Fahrbahnebenen.

CALEM

Die Vielfalt der Architektur macht einen Bummel durch Portos Straßen zu einem Erlebnis besonderer Art. Jedes Haus unterscheidet sich vom anderen, an jeder Fassade gibt es Neues zu entdecken. Hier nutzt eine Frau ihre kleine Terrasse im Zentrum Portos zum Wäschetrocknen. Darunter verzieren barocke Ornamente die Hausfront.

Die Fassade der Congregados-Kirche (links im Bild) ist mit Ornamenten und Gemälden aus blau-weißen Azulejos (Fliesen), die man häufig an öffentlichen oder privaten Gebäuden findet, gestaltet. Die Kirche liegt schräg gegenüber dem Bahnhof von Porto.

Die typischen Fliesen und schöne schmiedeeiserne Balkone prägen diese Häuser im Zentrum Portos. Auf ihnen flattert bunt die Wäsche, Antennen ragen auf die Straße hinaus und Sonnenschirme spenden Pflanzen und Menschen Schatten.

Festlich geschmückt ist der Ortseingang von Sapiãos, einem kleinen Dorf im Peneda-Gerês-Nationalpark, etwa 20 Kilometer westlich von Chaves.

nach Süden, auf Karren ihren Hausrat geladen – Saatgut, Werkzeug und Kochkessel –, ein kräftiger und genügsamer bäuerlicher Schlag mit vielen Kindern. Noch heute ist das Land zwischen Minho und Douro eine grüne Landschaft, in der sich Gärten, Felder und Häuser drängen. Fleisch kam hier nur an Feiertagen auf den Tisch; Brot, Öl und Gemüse waren der Grundstock der Ernährung – es gab vor allem Kohlsuppe und Wein. Bis heute hat jeder Haushalt dieser ländlichen Gegend einen oder mehrere der kleinen quadratischen Gärten, die wie eine Burg befestigt sind; an den Rändern wächst ein Zaun aus jenen hochwachsenden Rebstöcken, aus deren Früchten man den Vinho Verde, den «grünen Wein» gewinnt: ein leicht moussierendes, säuerliches Getränk, das man erst in der portugiesischen Mittagshitze so richtig zu schätzen lernt. Und innerhalb dieses Rebengevierts wächst Kohl – nicht als «ordentlicher» Kohlkopf, sondern als zerrupfter Strunk, an dem die Blätter einzeln stehen und auch so geerntet werden: täglich je nach Größe der Familie oder Zahl der Gäste mehr oder weniger Blätter, die – feingeschnitten – die Grundlage einer Suppe, des *caldo verde*, ergeben. Einige Scheiben bäuerlicher Paprikawurst, des *chouriço*, können mit hinein, Kartoffeln oder Mehl – der *caldo verde* ist eine ganze Kulturtradition, ein Symbol der Genügsamkeit und Selbstverleugnung. Millionen nordportugiesischer Kinder haben über Hunderte von Jahren den *caldo verde* gehaßt; sie sind ausgewandert – nach Lissabon, in die Algarve, nach Moçambique oder nach Frankreich, um ihn nie wieder essen zu müssen – und kehrten nach arbeitsreichen Jahren zurück, bauten ein riesiges Haus und beschäftigten eine *empregada*, eine Hausangestellte, die ihnen nun jeden Tag wieder *caldo verde* kocht.

Die Minhotos waren, über die Jahrhunderte gesehen, die Sieger dieses Kampfes der Kulturen – und zugleich die Betrogenen. Auch sie hatten die Kriegszüge begleitet; sie hatten ihre Haut zu Markte getragen, auch wenn von ihnen keine großen Helden- oder Bluttaten berichtet werden; nun blieben ihnen nur neue Dienstverhältnisse mit fremden Orden und Rittern. Und doch leisteten sie gerade in ihrer untergeordneten Position etwas, das die Jahrhunderte überdauerte: Sie brachten ihre Sprache mit, das Portugiesische, das sich mit der Reconquista über das ganze Land verbreitete; sie trugen die portugiesische Kultur bis hinunter in den Süden, in die Algarve, und wenn auch Kohlsuppe und grüner Wein in den neuen Landstrichen nicht mehr so ganz Fuß fassen wollten, so lag dies daran, daß die einfachen Minhotos bereitwillig von den Mauren Neues lernten und übernahmen: Anbau und Verwendung neuer Gemüse wie Salat und Karotten (Mohr-Rübe!), neuer Früchte wie Mandeln und Orangen. Der bescheidene Speisezettel der Portugiesen war reicher geworden – ebenso wie ihre Kultur.

Batalha: Die Schlacht um die Zukunft

Gewaltig ragt der Bau in den Himmel über der mittelportugiesischen Landschaft – besonders eindrucksvoll bei Sonnenlicht und strahlend blauem Himmel, die die vergilbten Kalksteinstrukturen zum Leuchten bringen: eine Kirche, zwei Kreuzgänge, Nebengebäude und Kapellen – der künstlerisch bedeutendste sakrale Bau Portugals. Rundherum steht ein kleines Dorf – wohl mit der Kirche entstanden: Batalha – die Schlacht. Santa Maria da Vitória sollte das Kloster ursprünglich heißen; mehr als 150 Jahre hat man daran gebaut, ohne daß es jemals fertig wurde. Batalha nannte es das Volk, denn es erinnert an eine Schlacht, die Portugal entscheidend verändern sollte.

Wir schreiben das Jahr 1385. Seit mehr als hundert Jahren sind die Maurenkriege zu Ende; das Land, das nun bis an die südliche Küste hinabreicht, hat sich erholt. Weite Landstriche in Mittelportugal sind in den Besitz von Orden und Klöstern übergegangen, die nun selbst wieder Land an die Bauern verpachten: Armut und Leibeigenschaft herrschen hier und mehr noch auf den Ländereien, die dem entstehenden kleinen und mittleren Adel zugeteilt worden sind. Eine herausragende Gestalt der Zeit wird Dom Dinis (1279–1325): Er ist der erste gebildete König des Landes, doch sein Beiname lautet «der Ackerbauer», denn er hat das soziale Problem seiner Zeit erkannt und versucht, die Ent-

Seit 1357 ruht Inês de Castro in diesem prächtigen Sarkophag in der Kirche von Alcobaça. Afonso IV. hatte die Gattin seines Sohnes Pedro ermorden lassen, was dieser nach seiner Thronbesteigung grausam rächte – wohl die berühmteste Liebesgeschichte des frühen Portugal.

wicklung einer freien Bauernschaft zu unterstützen – aber auch die der Städte und der Intelligenz des Landes, etwa durch die Gründung der ersten Universität in Lissabon. Doch 1367 kommt der glücklose König Fernão an die Macht und verstrickt sich in mehrere sinnlose Kriege mit Kastilien, bis er als Teil eines Friedenspaktes seine Tochter Beatriz mit dem kastilischen König Juan I. verheiratet; 1383 stirbt er ohne männlichen Nachkommen. Portugal würde nun an Kastilien fallen, doch João, ein unehelicher Halbbruder Fernãos, wendet sich gegen das spanische Heer, das die Erbeutung Portugals sicherstellen soll. João ist zwar auch königlichen Blutes, doch ist er ebenso Großmeister des Militärordens von Avis und verfügt damit über Soldaten und Geld. Durch einen glücklichen Schachzug des klugen Königs Dinis hatte er einen weiteren mächtigen Ritterorden auf seiner Seite: Der vom Papst 1312 aufgelöste, mächtige und reiche Orden der Templer mußte in Portugal – anders als in Frankreich – sein Vermögen nicht dem König übergeben, sondern wurde unter dem Namen Christusritter neu gegründet und stellte daraufhin seine Erfahrung und seine legendären Schätze in den Dienst der portugiesischen Nation. Andere Militärorden zogen mit. So kann João trotz der Übermacht der Kastilier zweimal siegen, das zweite Mal eben in der berühmten Schlacht von Aljubarrota 1385. Eine neue Dynastie übernimmt damit die Macht: das Haus Avis, dessen erster König sich João I. nennt. Vor der entscheidenden Schlacht hatte er die Muttergottes um ihren Beistand angefleht und die Errichtung eines prächtigen Klosters gelobt.

Batalha: ein Traum aus Spitzen, aus Kalkstein gemeißelt und in der Einöde in den Himmel gereckt. Bis ins 16. Jahrhundert wurde an dem Klosterkomplex gebaut – ganz zuletzt ein Kapellenrund, das sich an den Chor anschloß. Seine Wände und Bögen bieten das feinste an Meißelarbeit, was die Manuelinik hervorgebracht hat, den fast überzogenen Höhepunkt einer Epoche. Diese Kapellen sind nie fertig geworden. Es sind die Capelas Imperfeitas, die «Unvollendeten Kapellen», denen der blaue Himmel Mittelportugals als Dach dienen muß.

Sie sollten Nischen für weitere sieben Sarkophage bieten, denn Batalha war auch als Begräbnisstätte des Hauses Avis gedacht: In der rechts vom Eingang gelegenen Gründerkapelle liegen König João I., seine Gattin und ihre zahlreichen Kinder, von denen viele ebenfalls Großmeister in verschiedenen Militärorden waren. Die Unvollendeten Kapellen hätten wohl dereinst Manuel I. und seine Familie aufnehmen sollen. Doch

Portugiesische Geschichte ist Seefahrtsgeschichte:

Rechts oben: Der erste Weltumsegler Fernão de Magalhães (Magellan) stammte aus Portugal. Seine genaue Route ist der nebenstehenden Karte von 1536 zu entnehmen und heute noch nachzuvollziehen.

Rechts Mitte: Mit rotem Kreuz auf weißem Segel und in einem neu entwickelten Schiffstyp, der Karavelle (Abbildung), starteten die Christusritter in alle Welt, um den christlichen Glauben, vor allem aber Portugals geschäftliche Beziehungen zu mehren.

Rechts unten: Vasco da Gama fand eine Seeroute nach Calicut in Indien und verschaffte Portugal damit Zugang zu den asiatischen Gewürzmärkten.

Links unten: Schließlich erreichten portugiesische Händler sogar Japan – mit ihnen kamen die ersten Menschen schwarzer Hautfarbe aus Afrika in das fernöstliche Inselreich.

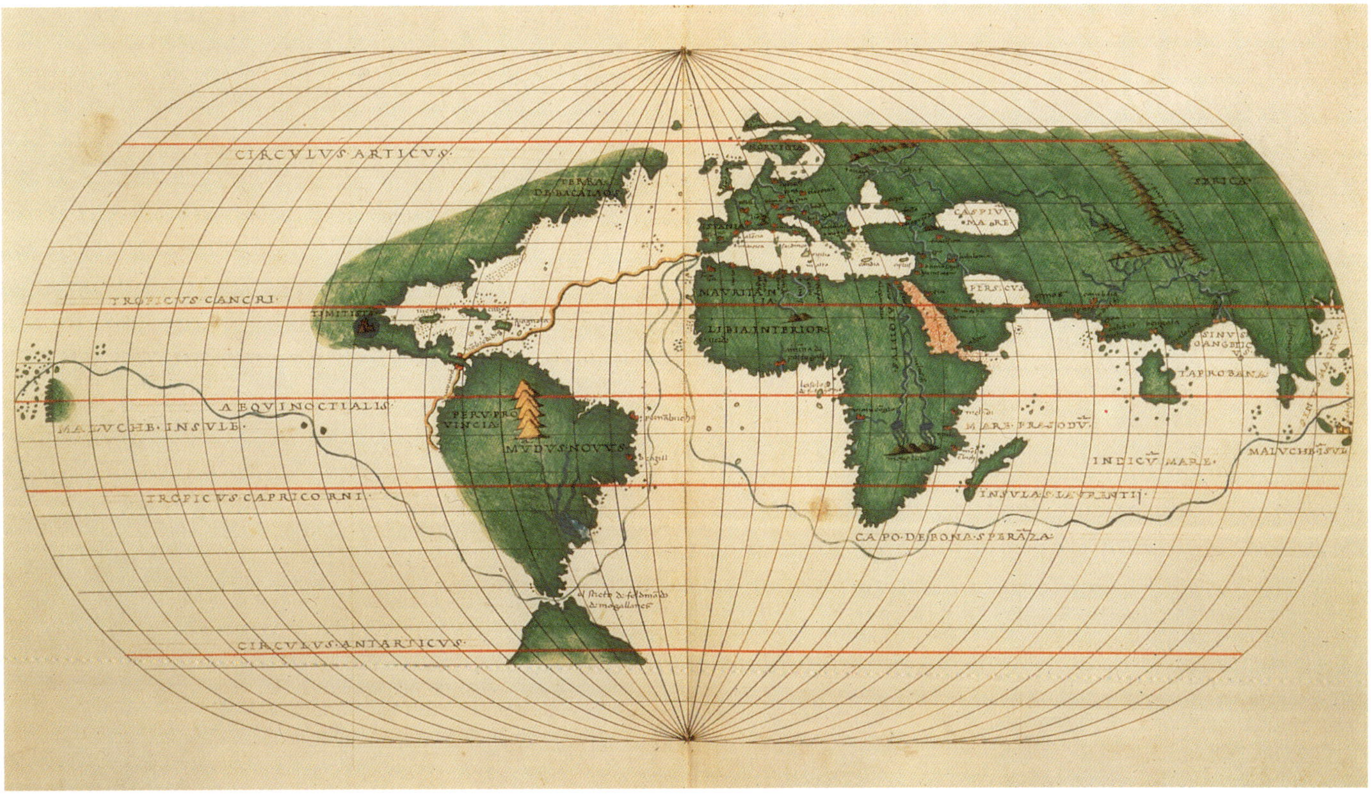

DATEN ZUR GESCHICHTE PORTUGALS

Bis etwa 3000 v. Chr. Paläolithische und mesolithische Spuren weisen auf die frühe menschliche Besiedlung der Iberischen Halbinsel hin.
Etwa 1000 v. Chr. entstehen dauerhafte Kontakte mit phönizischen und griechischen Kulturen.
Etwa 600 v. Chr. Einwandernde Kelten vermischen sich mit der Urbevölkerung.
218 v. Chr. – etwa 61 n. Chr. Eroberung der Iberischen Halbinsel durch die Römer.
409 n. Chr. Sueben schlagen die Römer. Um 600 errichten die Westgoten ein Reich mit der Hauptstadt Toledo.
711 Ein maurisches Heer besiegt die westgotischen Heere und erobert den größten Teil der Iberischen Halbinsel. Es entstehen islamische Fürstentümer.
Ab 750 Die Reconquista beginnt sehr zögernd. Das Gebiet um Porto (Portu-Cale) wird jedoch frühzeitig zurückerobert.
1092 Heinrich von Burgund erhält Portu-Cale als Lehen.
1140 Afonso Henriques sagt sich von León los; 1179 wird die portugiesische Krone vom Papst bestätigt.
1139–1249 Die Reconquista Portugals wird abgeschlossen. Das Land erhält seine heutige Gestalt.
1279–1325 König Dinis verstärkt durch die Unterstützung eines freien Bauerntums und nationale Kulturpolitik die Eigenstaatlichkeit Portugals.
1307–1312 Der französische König betreibt das Verbot des Templerordens, der in Portugal 1319 als Orden der Christusritter neu gegründet wird.

1385 In der Schlacht von Aljubarrota wird ein kastilischer Anspruch auf die portugiesische Krone zurückgewiesen. Das Haus Avis tritt die Macht an.
1415 Mit der Einnahme von Ceuta beginnt die koloniale Expansion Portugals; 1418 wird Madeira entdeckt, die Azoren folgen im Jahr 1427.
1488 Die Südspitze Afrikas wird umrundet; damit ist die Route zu den Gewürzländern Asiens frei.
1494 Der Vertrag von Tordesillas teilt die Welt in eine spanische und eine portugiesische Interessensphäre ein.
1499 Vasco da Gama kehrt von der ersten Reise nach Asien zurück.
1495–1521 Während der Herrschaft Manuels I. erreicht das portugiesische Handelsreich seine größte Ausdehnung.
1500 Pedro Álvares Cabral «entdeckt» Brasilien, das «zufällig» noch innerhalb der portugiesischen Hälfte der Welt liegt.
1578 fällt König Sebastião I. während eines Kreuzzuges gegen Marokko.
1580–1640 Portugal wird von Spanien in Personalunion regiert.
1640 Eine Verschwörung bringt den Bragança-Fürsten João IV. an die Macht. Die Restauration einer unabhängigen portugiesischen Krone zieht lange Grenzkriege mit Spanien nach sich.
1703 Im Methuen-Vertrag wird England zum Verbündeten Portugals. An Englands Seite kämpft Portugal im Spanischen Erbfolgekrieg.
1749–1776 Unter dem Marquês de Pombal erlebt Portugal eine absolutistische Epoche, die eine Modernisierung des Landes möglich macht.
1755 Ein verheerendes Erdbeben zerstört den größten Teil Lissabons.
1807–1811 Durch Verträge mit Spanien und England wird Portugal in die Napo-

Meilensteine portugiesischer Geschichte: Sebastiãos I. rätselhafter Tod 1578 (siehe auch Seite 54/55) bedeutete fast Portugals Untergang (links außen); der Marquês de Pombal, großer Neuerer des Landes 1749 bis 1776 (links Mitte); Maria II. aus dem Haus Bragança regierte von 1834 bis 1853 (links unten).

leonischen Kriege hineingezogen. Das Königshaus siedelt nach Brasilien über.

1821 Erst nach langem Drängen kehrt der portugiesische König João VI. nach Portugal zurück und akzeptiert eine inzwischen erlassene liberale Verfassung. Sein Sohn Pedro IV. macht sich 1822 zum Kaiser von Brasilien. Miguel I., ein weiterer Sohn von João, kämpft gegen die Verfassung. Er setzt sich 1827 durch und führt ein Schreckensregiment.

1831 Aus Sorge um sein Land entsagt Pedro IV. der brasilianischen Krone, kehrt nach Portugal zurück und besiegt 1834 Miguel. Der Zwist zwischen Absolutisten und Konstitutionalisten dauert während des 19. Jahrhunderts fort.

1908 König Carlos I. stirbt mit dem Thronfolger bei einem Attentat; der zweite Sohn, Manuel II., übernimmt die Regierung, dankt 1910 ab und geht ins Exil nach Großbritannien.

Vasco da Gama erreicht im Mai 1498 die Küste Indiens (oben, Wandteppich, 16. Jahrhundert); Heinrich der Seefahrer inmitten seiner Schüler (rechts, Gemälde, 19. Jahrhundert); Dom João I. aus dem Haus Avis, Sieger der Schlacht von 1385 über Kastilien und Erbauer des Klosters von Batalha (rechts außen).

1910–1928 Die republikanischen Regierungen versuchen rasche Reformen. Unruhen, Streiks und ständige Regierungswechsel machen das Land unregierbar.

1928 António de Oliveira Salazar übernimmt die Leitung des Staates, den er als «Estado Novo» mit diktatorischen Vollmachten über 40 Jahre beherrscht.

1968 Salazars Nachfolger Marcelo Caetano kann keine Erneuerung des verkrusteten Staatswesens durchsetzen.

1974 Am 25. April beendet ein unblutiger Offiziersputsch, die sogenannte «Nelkenrevolution», die Regierung Caetano und damit den Faschismus in Portugal. Ein siebenköpfiger Militärrat beendet die Zwangsmaßnahmen und bereitet die Entkolonialisierung sowie freie Wahlen vor.

1976 Eine neue, demokratische Verfassung tritt in Kraft.

1986 Portugal wird Mitglied der EG.

Restaurant in Costa Nova. Der kleine Fischerort liegt auf der südlichen der beiden Sandzungen, die die Lagune von Aveiro vom Meer abschirmen, und ist von der Stadt aus über eine Brücke zu erreichen.

Blick über die Ria de Aveiro: Veränderte Meeresströmungen und Ablagerungen des Rio Vouga bildeten nach und nach eine Dünennehrung. Zwischen ihr und der Stadt Aveiro, die ursprünglich direkt am Meer lag, entstand so die Lagune.

Strandpromenade in Costa Nova. Der Ort auf einer der Aveiro vorgelagerten Dünen besitzt einen flachen Badestrand, der bei Touristen und Einheimischen sehr beliebt ist.

Nächste Doppelseite: Als Aveiro im 15. und 16. Jahrhundert seine Blütezeit als Hafenstadt erlebte, spielte der Salzhandel eine große Rolle. Auch heute noch verdient man in Aveiro mit Salz Geld. Das «weiße Gold» wird durch Verdunstung von Meerwasser in riesigen «Salzgärten» gewonnen.

Traditionen werden in Portugal noch hochgehalten. Hier ein Volksfest in Vagos, einige Kilometer südlich von Aveiro.

Oben und unten: Frauen und Männer tanzen in landesüblicher Tracht zu volkstümlicher Musik.

Etwa in der Mitte zwischen Porto und Aveiro liegt der kleine Fischerort Furadouro. Jeden Tag fahren die Fischer frühmorgens hinaus aufs Meer, um dann ihren Fang gleich an Ort und Stelle am Strand zu verkaufen.

Nächste Doppelseite: Die Praça da República in Aveiro. In der Mitte das Rathaus aus dem späten 18. Jahrhundert. Links die klassizistische Misericórdia-Kirche, die zwischen 1599 und 1622 von Filippo Terzi erbaut wurde. Ihre Fassade dominiert ein Renaissance-Portal, über dem eine schöne Marienstatue prangt.

Die alte Universitätsstadt Coimbra: Während die Oberstadt durch das Universitätsviertel bestimmt wird, konzentrieren sich Handel und Geschäfte in der Unterstadt, wie hier um diesen Platz in unmittelbarer Nähe des Rio Mondego.

Die Glückssträhne des jungen Königs erreicht ihren ersten Höhepunkt mit der erfolgreichen Indienfahrt Vasco da Gamas, der schon unschätzbare Proben eines unendlich erscheinenden Schatzes von Gewürzen zurückbringt: Sie dienen der Erfüllung eines Gelübdes, den Bau des Jerónimos-Klosters in Belém, gelegen an der Tejo-Mündung, von der aus nun ohne Unterlaß die Schiffe mit dem Christusritter-Segel – das rote Kreuz Portugals auf weißem Tuch – ausliefen. Von ihren Orientreisen brachten sie auch fremde Baumeister und Künstler mit, deren seltsame Werke sie auf ihren Reisen bewundert hatten. Den strengen Formen der Gotik wurde eine neue Vielfalt aufgesetzt: Formen und Muster, die arabische und indische Bildhauer erdacht hatten, Algen, pflanzliche Wucherungen und bizarre Steingebilde, die Alltag und Phantasien der Welten-Segler symbolisierten, und immer wieder die Zeichen ihrer Macht und Fähigkeiten: das Christusritter-Kreuz und die Sphärenkugel. Ein neuer Stil entstand, der die Vielfalt der Welt repräsentieren sollte, ohne die gotische Ordnung ganz aufzulösen: die Manuelinik. Innerhalb von weniger als hundert Jahren wurde in ganz Portugal gebaut und umgebaut; Städte, Kirchen, Häuser bekamen ein neues, bis heute unverwechselbares Gesicht.

Glanz, aber auch Elend einer Epoche: Im ganzen Land wurde Holz geschlagen, Seilereien und Schmieden arbeiteten Tag und Nacht, Schiffe wurden gebaut, Mannschaften zusammengezogen. Auch bei einfachen Expeditionen mußte man damit rechnen, daß die Hälfte an Menschen und Material verloren ging. In Indien und Malakka, auf Sumatra und Borneo, auf Timor und den Molukken, in Japan und China wurden Handelskontore errichtet, Soldaten stationiert, Kriege geführt – wie konnte ein kleines Land dies alles leisten? Schon in der Kolonisierungszeit der früheren Jahrhunderte hatte Portugal etwas praktiziert, was in Spanien und anderen europäischen Ländern undenkbar war: den Verzicht auf die «Reinheit des Blutes». Soldaten, Seeleute und Händler taten sich mit fremden Frauen zusammen; in den abgelegensten Weltgegenden entstanden kleine christliche Siedlungen, die sich als Kuriosität bis heute erhalten haben. Das Lissabonner Museum für Alte Kunst birgt manche Zeugnisse der merkwürdigsten Vermischungen: Als 1542 die portugiesischen Schiffe auch Japan erreichten, entstanden dort Gemälde auf japanische Art, auf denen einheimische Maler die Ankunft der merkwürdigen bärtigen Menschen mit den langen Nasen schilderten. Alles was den Japanern an den fremden Besuchern auffiel, ist karikierend in dieser «Namban» genannten Kunst festgehalten: die hohen Hüte und die Sonnenschirme der Portugiesen, ihre Arbeit im Takelwerk der Schiffe, die die Asiaten als ebenso kunstvolle wie sinnlose Akrobatik wiedergaben. Ballen, Kisten, Käfige mit merkwürdigen Tieren werden an Land gebracht, aber auch Menschen mit schwarzer Hautfarbe – die ersten Afrikaner, die Asien erreichen.

Afrikaner in Japan? Schon die ersten Schiffe, die den Seeweg um Afrika eröffneten, waren gehalten, mitzubringen, was immer ihnen brauchbar und gewinnträchtig erschien. Die Logbücher und Chroniken schildern die Taktik ohne Scham: Wann immer man Afrikaner an einsamen Küsten aufgriff, wurden sie überwältigt und auf die Schiffe gebracht. So begann eine dunkle Tradition der Kolonialisierung, die bis ins 19. Jahrhundert reichte: der Handel mit schwarzen Sklaven, die auf den portugiesischen Karavellen Dienst taten und die auch, lange vor der Entdeckung Amerikas, zu Zehntausenden nach Europa gebracht wurden. Das vor Sagres gelegene Lagos wuchs in jenen Jahrzehnten vom kleinen Fischerhafen zu einem der größten Handelskontore der Welt. Zwischenlager und Sitz des königlichen Handelsmonopols, der «Casa da Guiné», ab 1441 größter Umschlagplatz der menschlichen Ware, die die größten Gewinne brachte und zugleich den drastischen Schwund an einheimischer Bevölkerung und damit an Arbeitskräften minderte. Noch immer stöhne, erzählen die Lagoten heute, der kleine Hafen dieser Stadt in Mondnächten unter der Last der Schicksale, die durch ihn hindurchgegangen sind.

Eineinhalb Jahrhunderte lang hatte das Land am Rand Europas die Welt verändert; es hatte Tore geöffnet, Menschen und Kulturen zusammengeführt. Doch schon unter den Nachfolgern Manuels, der 1521 starb, zeigte sich, daß es zu klein für seine Größe war. Palastintrigen, bitterste Armut im Volk und ein ständiger Strom an Auswanderern

MANUELINIK – EXOTISCHE TRÄUME AUS STEIN

So klein das Land auch sein mag – es hat einen eigenen Kunststil aufzuweisen. Die Manuelinik Ende des 15. und Anfang des 16. Jahrhunderts spiegelt Portugals in der Seefahrt erworbenen Reichtum an üppiger Baudekoration mit orientalischen Elementen.

Portugal folgte im großen und ganzen den Kunststilen des übrigen Europa – bis auf eine nennenswerte Ausnahme, die sich aufgrund der besonderen historischen Konstellation ergab: Die Zeit der großen Entdeckungen und des raschen Geldes, in der der herrschende König Manuel den Beinamen «der Glückliche» erhielt, war durch die ausgehende Gotik geprägt; sie reichte in die Renaissance hinein, mit der allerdings die konservativ-katholischen iberischen Nationen zunächst nicht viel anfangen konnten. An dieser Nahtstelle zwischen zwei Epochen entwickelten sie das Bedürfnis nach einer auch gottgefällig gemeinten Prunksucht. Nach jeder glücklich beendeten Expedition wurde in den Bau von Kirchen und Klöstern investiert, die auch dem veränderten Selbstbewußtsein Ausdruck verleihen sollten.

Neue stilisierte Symbole der Weltmacht Portugal wurden den fortbestehenden gotischen Grundformen hinzugefügt: das Christusritter-Kreuz, die Sphärenkugel, Schiffstaue und Knoten, tropischer Pflanzenwuchs und Tangschlingen, und zuletzt auch Erinnerungen an exotische fremde Kulturen. Hatte zuvor die strenge Erhabenheit der Gotik der Enge einer ausschließlich zu Gott und in ein überirdisches Paradies strebenden Welt entsprochen, so traten nun Vielfalt und irdische Üppigkeit auf den Plan: Im Kreuzgang des Jerónimos-Klosters zu Belém, dem hervorragendsten Beispiel der neuen Kunst, gleicht keine Säule mehr der anderen; zusammengenommen ergeben sie einen tropischen Wald von wuchernder Vielfältigkeit.

Trotzdem unterscheidet sich die Manuelinik deutlich von späteren ebenso überbordenden und die Dekoration liebenden Kunstformen wie Rokoko oder Barock, vor allem durch das Weiterbestehen der gotischen Grundstrukturen. Manuelinik wirkt nie überladen wie die spätere Talha Dourada, das vergoldete Schnitzwerk der Bragança-Kunst. Oft weisen nur Details auf die manuelinische Kunst hin: ein Fenster, ein Portal, ein Schmuckelement – auch an sonst noch einfach gehaltenen Bauten. Dieser bei aller Intensität begrenzte Gestaltungswille der manuelinischen Kunst ermöglicht auch den raschen «Rückweg» zur Renaissance, der sich schon an der Kirche des Jerónimos-Klosters zeigt. Die Manuelinik endet in der zweiten Hälfte des 16. Jahrhunderts: Sie war eine kurze, aber grandiose Sonderentwicklung in der europäischen Kunst.

Neo-manuelinisches Palasthotel (von 1888 bis 1907 erweitert) im Buçaco-Nationalpark (großes Bild). – Das Kloster Santa Maria in Alcobaça (rechts oben). – Das Mosteiro dos Jerónimos in Belém (rechts unten).

hatten es ausgezehrt. Lagos, die Stadt Heinrichs, mit dem alles begann, wurde nun auch Zeugin eines letzten großen Aufbruchs, der in einer militärischen Katastrophe endete und damit das Ende der mittelalterlichen Seemacht Portugals bedeutete. Die Geschichte der Entdeckungen und Eroberungen kehrte gleichermaßen noch einmal an ihren Ausgangsort zurück, um hier ihr seltsam-mystisches Ende zu finden.

Das rätselhafte Ende des jungen Königs

Man schreibt den 24. Juni 1578. An einem manuelinisch geschmückten Fenster schräg gegenüber dem Sklavenmarkt steht ein junger Mann, dessen verträumtes Kindergesicht durch ein Gemälde im Lissabonner Museum für Alte Kunst bekannt ist: Sebastião I., letzter bedeutender Vertreter des Königsgeschlechts der Avis und auch letzter Träger der Hoffnung, die weltumspannende Größe Portugals zu erhalten und weiter zu vermehren. In diesem Sinn spricht er nun zu einem für die damalige Zeit gewaltigen Heer, das er als letztes Aufgebot gesammelt hat, um an die Taten seiner Vorfahren anzuknüpfen: 15 000 Mann Fußvolk und 2500 Reiter, die nun 800 Segelschiffe besteigen, um in Marokko ein neues portugiesisches Reich zu schaffen. Ihr Ende war eindeutig, spektakulär, aber auch von

Geheimnissen umwittert. Weniger als 70 der Krieger kehrten zurück, auf Umwegen, fast verrückt vor Durst, Hunger und Angst. Sie berichteten, wie das Heer durch falsche Informationen und Scheinangriffe in das heiße Ödland bei Ksar el-Kebir getrieben wurde. Mit ihren eisernen Rüstungen und dem schwerfälligen Troß waren die Ritter den wendigen maurischen Reitern ausgeliefert, wurden versprengt und in kleinen Gruppen aufgerieben; wer überlebte, wurde in die Sklaverei geführt. Keiner der wenigen Zeugen konnte ein zusammenhängendes Bild von der Schlacht liefern und vor allem hatte keiner Sebastião fallen und sterben sehen.

Eine ganze Nation wartete auf die Rückkehr des Königs, des Garanten für Portugals Fortbestand. Falsche und verwirrte Zeugen wollten ihn als Sklaven getroffen haben, andere als versprengten Wanderer an fernen Küsten. Betrüger und Fanatiker gaben sich als Abgesandte oder als der König selbst aus, doch niemand konnte seinen Anspruch auf den Thron beweisen. So fiel dieser, als Folge komplizierter Verträge und Verwandtschaftsbeziehungen, an Spanien. Für 60 folgenschwere Jahre verschwand Portugal von der Bühne der Weltpolitik; das Netz der Handelsbeziehungen ging verloren. Unter der Last der Schulden, die Sebastião für seinen Feldzug aufgenommen hatte, verelendete das Land gänzlich und wurde zu einer vernachlässigten Provinz des spanischen Rivalen.

Brasilien – der portugiesische Goldrausch

Links oben und unten: Der ehemalige Königspalast von Sintra war Stammsitz der Könige des Hauses Avis. Die Innenräume – wie etwa der berühmte Hirsch- oder Wappensaal – sind reich mit Azulejos, Gemälden und Teppichen ausgestattet.

Ein kleines Land hatte ein Weltreich errichtet – und innerhalb weniger Jahre die Grundlagen seiner Größe, seines Reichtums und seines Selbstverständnisses wieder verloren: seine Schiffe, seine Kolonien, seine Menschen. Dies sollte das Muster der portugiesischen Geschichte bleiben: Wie im Meer, das das Land umgibt, folgte einem Wellenberg von Glück und Reichtum ein Wellental, das das Land an den Rand des Abgrunds trieb.

1640 erlaubte eine Schwäche Spaniens Portugal, die Fremdherrschaft abzuschütteln und ein neues Herrscherhaus einzusetzen: das der Bragança, einer Seitenlinie des Hauses Avis. João IV., der neue König, hatte zunächst wenig, mit dem sich Staat machen ließ: Das Land lag im Elend, die asiatischen Kolonien waren – außer dem treuen Macão und Osttimor – verloren und die Kassen leer. Was João rettete, war eine Art Vasallentreue der alten Kolonien: 1655 erhebt sich die portugiesische Bevölkerung des brasilianischen Pernambuco und vertreibt ihre neuen holländischen Herren.

Für Brasilien, das Portugal nach dem Vertrag von Tordesillas zustand, hatte sich bis dahin niemand wirklich interessiert: Gold hatte man nicht gefunden, der Einschlag an Brasilholz brachte nur spärlichen Gewinn, ebenso die Plünderung und Versklavung der Indianer, die inzwischen am Aussterben waren. Lediglich in Pernambuco hatte sich eine ewig defizitäre Zuckerindustrie gehalten – weder für die Portugiesen noch für die Holländer ein Grund, um einen großen Krieg zu führen. In Wirklichkeit war Brasilien jedoch das, was man schon immer in Amerika gesucht hatte: ein Land voll von Gold, Silber und Diamanten, die man gerade zur rechten Zeit, 1692, in einer damals abgelegenen Region, in Minas Gerais, den «allgemeinen Minen», entdeckte. Darüber, ob das tatsächlich ein

Oben: Ein besonders prächtiges Beispiel der Talha Dourada beherbergt die 1769 erbaute Barockkapelle Santo António in Lagos: Die unteren Wandpartien sind mit blau-weißen Azulejos geschmückt, darüber zieht sich im Chor bis zum Altar üppig vergoldetes Schnitzwerk.

Rechts: Ebenfalls in der zweiten Hälfte des 18. Jahrhunderts entstand das sehenswerte Rokokoschloß von Queluz.

Glück für Portugal war, läßt sich auch streiten, denn inzwischen begannen sich Landwirtschaft und Handwerk zu erholen, die Bevölkerung nahm wieder zu. Das war nun ein weiteres Mal zu Ende, denn Portugal stürzte in einen Boom sondersgleichen. Endlich konnte das Haus Bragança es Manuel dem Glücklichen gleichtun und dem Land seinen Stempel aufdrücken. Barock hieß die Devise der Zeit – und zwar nicht irgendein Barock, sondern der reichste der Welt. Die Talha Dourada, die Vergoldung ganzer Kircheninnenräume, war das Zeichen einer Dynastie, die unvorbereitet in Reichtum und Verschwendungssucht stürzte. Im ganzen Land wurde hemmungslos umgebaut und Blattgold aufgetragen – auch das manuelinische Kunsterbe blieb davon nicht verschont.

Es deutet sich schon an: Die Herrscher aus dem Haus Bragança hatten nicht immer eine glückliche Hand. Zum einen brachten ihnen die Wirren des sich modernisierenden Europa Unbill und Streit, wo sie sich doch viel lieber mit Kunst abgegeben hätten; zum anderen waren sie charakterlich und möglicherweise genetisch geschädigt. Bereits Afonso VI. (1656–1667), Sohn Joãos IV., werden geistige Defekte nachgesagt; sein Bruder Pedro II. (1667–1706), der ihn abgesetzt hatte, verliert frühzeitig das Interesse am Reich und tritt zurück; João V. (1706–1750) hat nur Kungeleien mit der Kirche und immense Baupläne im Kopf und muß die Regierung schließlich an seine Frau abgeben. Sein Sohn José I. (1750–1777) gilt ebenfalls als ein schwacher König; ihm folgt eine Frau, Maria I. (1777–1792), die, geplagt von Wahnideen, in geistiger Umnachtung endet; ihr Sohn João VI. (1792–1826) ist ein besonderer Unglücksrabe, der sich 1793 mit Spanien gegen Frankreich verbündet und damit ohne Not in die Napoleonischen Kriege schlittert. Das ist das Ende eines für Portugal kuriosen Jahrhunderts, geprägt durch hilflose Könige, die dennoch eine wirkliche Macht besitzen: die des brasilianischen Goldes.

Ganz Europa war erschüttert über das verheerende Erdbeben, das einen großen Teil Lissabons am 1. November 1755 in Schutt und Asche legte, wie ein zeitgenössisches Flugblatt aus Augsburg deutlich zeigt.

Ein neues Lissabon

Man könnte Portugal zu der Zeit als ein Spielzeugland betrachten – und verschiedene ausländische Mächte, vor allem England und Frankreich, hielten es so –, wäre da nicht im Zentrum dieser Epoche eine sehr prägnante Gestalt: Sebastião José de Carvalho e Mello, bekannt als Marquês de Pombal, dessen Denkmal auf einem der prominentesten Plätze Lissabons steht. Pombal vertrat eine Tendenz, die genauso zu der Epoche gehörte wie das Spielen mit Rokokoschlößchen und Barockkirchen: den aufgeklärten Absolutismus, den er im Namen seines Königs José I. vertritt. Zunächst ist sein Name aber mit einer der unglücklichsten Stunden Portugals verknüpft: Am 1. November 1755 bebt die Erde, die Häuser fallen in sich zusammen; in Panik stürzen die Menschen ins Freie, vor allem auf die großen Plätze, zum Königspalast am Tejo-Ufer. Hier werden sie von einer gewaltigen Flutwelle erfaßt; den Rest der Zerstörung besorgen die Feuer, die durch die vielfach noch aus Holz gebaute Stadt rasen. Wie viele Menschen umkamen, weiß man nicht. Die Zahl 50 000 wird genannt, vielleicht waren es mehr oder weniger – niemand konnte sie zählen. Für den nicht direkt betroffenen Rest von Europa war das, was in Lissabon passiert war, auch eine philosophische Katastrophe: War man nicht gerade dabei, die Natur und das menschliche Leben als Teil einer wunderbaren Mechanik zu verstehen, die die neuen Enzyklopädien zu erfassen begonnen hatten? Die prästabilierte, von Gott festgelegte Harmonie der Natur, die Leibniz beschworen hatte, brach zusammen wie Lissabon und machte einer neuen bitteren Skepsis Platz, die ihren Ausdruck fand in der Verhöhnung der «besten aller Welten» durch Voltaire.

Pombal hingegen sah in der Katastrophe eine Chance: Endlich war Platz geschaffen worden für eine «vernünftige» Gestaltung Portugals; er konnte damit anfangen, seine verwinkelte und verbaute Hauptstadt umzugestalten in ein Symbol der neuen Zeit. Natürlich nicht ganz Lissabon, denn einiges war erhalten geblieben, und an anderen Stellen

Die Hauptstadt nach dem Wiederaufbau: Von der ehemaligen Residenz Casa dos Bicos (Haus der Spitzen) in der Alfama blieben nur zwei Geschosse übrig (links); die Rua Augusta in der von Pombal (siehe auch Text auf nebenstehender Seite) schachbrettartig neu errichteten Baixa (rechts); der Fischmarkt am Hafen (unten). (Alle Fotografien um die Jahrhundertwende.)

Bis heute zählen Landwirtschaft und Fischfang zu den wichtigsten Wirtschaftsfaktoren in Portugal, doch sind viele Arbeitsmethoden veraltet und gehören der Vergangenheit an. – Links oben: Makrelen und Sardinen werden, hier in Nazaré, sorgfältig gesäubert, bevor man sie auf Trockengestellen der Sonne aussetzt. – Links unten: Bis Ende der sechziger Jahre war es üblich, Portwein- und andere Trauben mit den Füßen zu keltern. – Rechts: Das Ende der Weinlese wird mit Musik gefeiert. – Mitte oben: Auf großen hölzernen Booten erfolgte der Warentransport, hier in Porto, der heute immer mehr auf die Straße verlegt wird.

Links unten: Auch der Gemüsehändler mit dem Eselskarren, der in den Straßen Lissabons frische Feld- und Gartenfrüchte feilbietet, gehört wohl endgültig der Vergangenheit an (das Foto stammt aus dem Jahr 1935). Rechts oben und unten: Die mühsame Arbeit des Wasserholens in irdenen Krügen war – wie überall auf der Welt – Aufgabe der Frauen und Mädchen, hier in S. Martinho do Porto. Das Spinnen von Wolle und anderen Fasern nach uralter Tradition, das diese alte Bäuerin demonstriert, und das anschließende Verarbeiten zu Kleidungsstücken für die ganze Familie gehörte ebenfalls zu den Frauenarbeiten.

Links: Kunstvoll bestickte Trachten mit üppigen Accessoires gehörten früher mehr als heute zum täglichen Leben und waren der ganze Stolz der Trägerin.

Rechts: Einfachen und wirkungsvollen Schutz gegen Regen und Kälte bietet die Caroça, ein aus Binsen gearbeiteter Umhang, diesem Landarbeiter.

wehrte sich die Natur mit ihren Hügeln und Unebenheiten gegen die pombalinische Systematik, doch er konnte an einem symbolträchtigen Ort beginnen: An der Stelle des zusammengestürzten Königspalastes wurde ein Platz angelegt, der nun programmatisch Praça do Comércio, Platz des Handels, benannt wurde; nur das «unvernünftige» Lissabonner Volk hält bis heute an dem alten Namen Terreiro du Paço, Platz des Palastes, fest.

An dem Platz des Handels konnten die Schiffe direkt anlegen; durch ein prunkvolles Tor strömten die Waren in die Unterstadt, die Baixa, die Pombal ganz unportugiesisch aufbauen ließ: gerade Straßen in gleichen Abständen, mit gleichen Häusern bebaut. Das Lissabon von früher hat sich in der Alfama und der Mouraria mit ihren verwinkelten Gassen erhalten; das heutige Lissabon ist die pombalinische Stadt der Ordnung, mit lichten Plätzen und breiten Avenidas. Sie spiegelt die Macht und den Gestaltungswillen des Staates, der sich unter der Aufsicht des Marquês in jedes Detail einmischte: in die Rechtssprechung ebenso wie in die Kontrolle der Löhne, den Schutz des Handels, die Festsetzung staatlicher Normen und die Organisation der Gewerbe. 1774 ließ Pombal dann weit unten im Süden, an der Mündung des Rio Guadiana, eine weitere Stadt nach dem Muster der Baixa errichten: Vila Real de Santo António sollte als Militärstützpunkt, Zollstation und Zentrum eines organisierten Fischfangs innerhalb einer königlichen sogenannten «Compagnie» weiter der Formierung der staatlichen Macht dienen, doch nun ist Pombal schon am Ende seiner Zeit angelangt: Die Beamten wollen nicht in den Süden umziehen und die Fischer sich den königlichen Ansprüchen nicht unterwerfen. So blieb Vila Real nahezu unbewohnt, ein Denkmal der Aufklärung und ihres Scheiterns: Seit 1777 ist Maria I. an der Macht, und für sie ist die Kirche wichtiger als die Aufklärung Pombals, den sie ohne großes Aufheben opfert.

Pombal ist für Portugal eine so zentrale Gestalt geworden, weil er so einmalig ist. Nicht einmal 25 Jahre hat er Zeit, um ein modernes Land zu entwerfen, dann obsiegen Unordnung und Mystik des Hauses Bragança, und eine neue portugiesische Zeitenwende zeichnet sich ab. Sie trifft das Land mit voller Wucht. João VI. hatte sich zu Beginn der französischen Revolutionskriege in eine dubiose Geheimdiplomatie mit England und Spanien verstrickt. Spanien, das sich schnell mit Frankreich arrangiert, führt den ersten vernichtenden Schlag gegen die portugiesischen Truppen; französische Truppen fallen dreimal ein, um die Blockade der Häfen gegen England zu erzwingen; selbst die englischen Truppen, die zur Unterstützung geschickt werden, führen sich mehr als Kolonialmacht denn als Freund auf. Verschiedene Varianten der Aufteilung Portugals werden diskutiert, und es ist ein diplomatisches Wunder, daß Portugal aus dem Wiener Kongreß 1814/15 mit nur kleinen Landverlusten heil hervorgeht.

1807 bis 1811, das bedeutete für Portugal vier Jahre Krieg unter den schlimmsten und erniedrigendsten Bedingungen. Gleich zu Anfang hatten sich der König, die königliche Familie und der ganze Hofstaat nach Brasilien eingeschifft. Zurück blieb ein Regentschaftsrat, der keine Möglichkeit mehr hatte, irgend etwas gegen das Wüten der französischen Truppen zu tun. Die Sarkophage der portugiesischen Könige werden zertrümmert, Statuen in den Kirchen vom Sockel gestürzt, die Talha Dourada wird, nachdem das Blattgold abgeschält ist, zu Feuerholz. In wenigen Monaten ist mehr Kunst vernichtet, als die Bragança-Könige in den Jahren ihrer Regentschaft hatten errichten lassen. Doch die Königsfamilie sitzt nun in Rio de Janeiro und hat ihr Hofleben wieder aufgenommen, prachtvoller denn je, da nun direkter Zugang zu Gold und Diamanten besteht. Kein Wunder, daß sie keine Lust hat, in das verwüstete Portugal zurückzukehren: Der König trägt nun auch den Titel Kaiser von Brasilien, und Portugal ist, in der Umdrehung der früheren Verhältnisse, die arme Kolonie.

Doch es kommt noch schlimmer: Der britische General Wellington, der Erbfeind Napoleons, rettet zwar Portugal in der letzten Schlacht gegen die Franzosen im Wald von Buçaco, doch der Sieg hat seinen Preis: Brasilien muß seine Häfen für den Handel mit England öffnen; englische Waren werden nun direkt gegen brasilianische Schätze ausgetauscht. Portugal steht wieder am Rand: Was in den Jahren des Überflusses ins Land gekommen war, ist ausgegeben; den Rest hat der lange, verheerende Krieg vernichtet. Das nächste Wellental ist erreicht.

Portugal in Afrika

1822 wird Brasilien durch die Trennung der brasilianischen Kaiserkrone von der portugiesischen Königskrone ganz unabhängig. Die wirtschaftlichen Folgen für das Mutterland sind katastrophal, und auch sonst bringt das 19. Jahrhundert nicht viel Erfreuliches: Andauernde Intrigen und Kämpfe um die Verfassung führen zum Bürgerkrieg (1828 bis 1834), Cholera-Epidemien verwüsten das Land; auch mit ihrem Königshaus haben die Portugiesen weiterhin wenig Glück, wenn man von der ruhigen Regierungszeit von Maria II. (1834–1853) absieht: Es kommt zu rätselhaften Todesfällen, zweimal muß der Prinzgemahl Marias, Ferdinand von Sachsen-Coburg-Saalfeld, die Regentschaft übernehmen. Auf der Habenseite steht die Erholung einer bescheidenen Kleinindustrie, die noch an die Maßnahmen Pombals anknüpft, eine Verwaltungsreform, der Ausbau eines Eisenbahnnetzes und von Telegrafenleitungen. Portugal hinkt der Moderne Europas hinterher, doch es kann noch ein drittes Mal ein Weltreich errichteten.

Diesmal geht es um Afrika. Bislang hatten sich auch die anderen europäischen Mächte kaum für diesen Erdteil interessiert, der als ungesund, arm an Rohstoffen und ungeeignet für eine dauerhafte Besiedlung durch Europäer galt. Portugal besaß dort noch aus der Zeit Heinrichs des Seefahrers einige kleine Küstenforts, aber mehr hatten auch die kolonialen Großmächte nicht aufzuweisen. Doch nun begann der Wettlauf ins Innere des Kontinents, das Bemühen, über Verträge mit einheimischen «Häuptlingen» ein Hinterland zu schaffen und durch «Forschungsreisen» Verbindungen zwischen den verschiedenen Territorien herzustellen. Die Vielzahl der Aktivitäten mündete schließlich in die Konferenz von Berlin (1884/85), wo die Großmächte zunächst verfügten, daß nicht mehr

GEBRAUCHSGEGENSTAND UND KUNSTWERK: DIE FLIESE

Die Azulejos als arabisch-europäisches Kulturgut

Vom gefliesten Straßenschild bis zur vielfarbig verzierten Kirchenausstattung: Die lange Tradition der Azulejos läßt sich in Portugal überall entdecken.

Von der einfachen Brunnenumrandung bis zum monumentalen Szenenbild und zur modernen Reklametafel: In Portugal läßt sich die gesamte Kulturgeschichte eines Zivilisationsgutes nachvollziehen, das inzwischen zu unserem Alltag gehört – die Fliese. Ihr Ausgangspunkt ist seltsamerweise der Koran, den die Mauren auf die Iberische Halbinsel mitgebracht hatten: Er forderte tägliche Waschungen im Moscheehof, für die man große und haltbare Becken brauchte, und förderte durch das Verbot figürlicher Darstellungen die Entwicklung von ornamental gestalteten Flächen, die man besonders gut aus Fliesen zusammensetzen konnte. Schon frühzeitig, mit der Reconquista, hatten portugiesische Handwerker die maurischen Traditionen der Fliesenherstellung übernommen: das Brennen der wasserresistenten Bleioxidfarben, das Trennen der Farbfelder durch «trockene Schnüre» *(cordas secas)* und das Zurechtschneiden der Fliesen, die dann *alicatados* heißen, mit speziellen Zangen. Die besseren Kreise bezogen aber weiterhin ihre Azulejos aus den letzten maurischen Fürstentümern und Siedlungen in Spanien, vor allem aus Sevilla, wo ein ganzes Viertel, die Triana, von der Fliesenfabrikation lebte.

So wie hier in Alte bei Loulé findet man häufig prächtige Straßenschilder aus Azulejos.

Die Portugiesen entwickelten die maurische Fliesenkunst zu großflächigen Darstellungen weiter.

Als schließlich die maurischen Erzeugnisse unerreichbar wurden, setzten eigenständige europäische Weiterentwicklungen ein, die die portugiesische Fliesenkunst grundlegend veränderten: zum einen die italienische Majolika-Technik, die es erlaubte, auch auf glatten Fliesen Ornamente anzubringen und damit schon die Komposition großer Wandbilder ermöglichte. Entscheidend wurde aber die im 16. und 17. Jahrhundert sich verbreitende holländische Tradition der Delfter Kacheln, die aus den damals spanischen Niederlanden durch Emigranten auf die Iberische Halbinsel gebracht wurde. Ihre bekannte Farbgestaltung blau und weiß gab nun dem alten arabischen Namen Azulejos (von arabisch «al-zulayi» = kleiner Stein, in Kombination mit dem portugiesischen Wort «azul» = blau) einen neuen Sinn. Die ehemalige Funktion der Fliesen als Schmutzschutz auf Fußböden und an unteren Wandpartien trat nun zurück zugunsten einer Azulejo-Kunst, die vor allem im Barock begann, ganze Wände von Palästen und Kirchen mit Gemälden aus Fliesen zu überziehen. Die Algarve hat eines der hervorragendsten Beispiele hierfür: die Kirche São Lourenço de Matos in Almancil an der Straße von Faro nach Albufeira.

Von hier verlief die Entwicklung bezeichnenderweise in zwei Richtungen: Zum einen wurden große vielfarbige Gemälde wie in der Lissabonner Kirche São Roque geschaffen, wo die Zwänge des Materials aufgehoben erscheinen; auf der anderen Seite finden wir genau das Gegenteil: die Rückkehr zu den ursprünglichen geometrischen Formen der alten maurischen Tradition, die an die eigentliche Funktion der Fliesen, den dekorativen Schutz vor Schmutz und Nässe, erinnern.

Eine über einer Tür angebrachte Azulejostafel in Vila Real de Santo António.

Fast nicht mehr als Fliesen zu erkennen sind die kunstvollen Jugendstilbilder in Schloß Estói.

Hervorragende Beispiele der großflächigen blau-weißen Azulejobilder schmücken auch Bänke und die Brüstungen zum Kanal in den Gartenanlagen des Rokoko-Schlosses von Queluz.

historische Ansprüche, sondern die tatsächliche Besetzung afrikanischen Landes für die koloniale Grenzziehung herangezogen werden sollte. Es war klar, daß Portugal damit eine schlechte Ausgangsposition hatte, doch immerhin wurde es eingeladen und konnte dort eine Karte seiner Ansprüche präsentieren, die außer dem kleinen Guiné-Bissau ein ganzes Band von Territorien im Süden Afrikas, von Angola quer über den Kontinent bis Moçambique, umfaßten – ein Affront gegenüber Portugals patriarchalischem Freund Großbritannien, denn es war allen klar, daß dieses eine durchgehende Verbindung vom Norden in den Süden Afrikas anstrebte, die es schließlich auch bekam. London war schwer irritiert, die Zeitungen spuckten Gift und Galle gegen Portugal, und es wäre beinahe sogar zum Krieg zwischen den beiden Verbündeten gekommen, doch am Ende konnte Portugal 1891 in einem Zusatzvertrag eine gehörige Kompensation für die verlorene Landbrücke einheimsen – eine Erweiterung seiner afrikanischen Besitzungen bis fast zur Ausdehnung des verlorenen Brasilien. Hinzu kamen noch Garantien für seine kleinen indischen Besitzungen, Macão und Osttimor: Portugal war wieder Weltreich.

Vergangenheit und Gegenwart treffen sich in der Alfama in Lissabon. An der Südseite der Igreja de Santa Luzia befindet sich eine großflächige kunstvolle Azulejostafel mit der Darstellung des Terreiro do Paço, der heutigen Praça do Comércio, vor dem Erdbeben von 1755.

Sicherlich konnte man Afrika nicht mit Brasilien vergleichen, und es würde noch Jahrzehnte dauern, bis Portugal zu den Investitionen in der Lage wäre, die für die europäischen Konkurrenten die Kolonisierung Afrikas bereits rentabel machten. Doch es ging Portugal – oder sagen wir: einem Teil Portugals – nicht darum. Es hatte keine Kolonien erworben, sondern es hatte einen Sprung um Jahrzehnte und Jahrhunderte zurück gemacht und war wieder groß geworden. Schon die erste Verfassung von 1822 hatte Portugal als «Vereinigung der Portugiesen beider Hemisphären» definiert und zählte im Detail auf, was alles zur Nation gehört: eine Liste von Illusionen, denn kein Territorium hörte offiziell jemals auf, portugiesisch zu sein. Auch als in den sechziger Jahren unseres Jahrhunderts Indien die letzten portugiesischen Besitzungen auf dem Halbkontinent annektierte, saßen weiterhin Vertreter von Goa und Damião im portugiesischen Parlament, und alle öffentlichen Verlautbarungen schlossen ausdrücklich immer die verlorenen Enkla-

ven ein. Prinzipiell wurde auch kein Unterschied zwischen den Rassen gemacht: Wer immer in einem Teil Portugals, ob in Europa oder Übersee, geboren war, galt uneingeschränkt als Portugiese. In diesem Sinn gehört Portugal nicht zu Europa; als in den letzten Jahren vor der Nelkenrevolution von 1974, die den Faschismus beendete, die Aufstände in Afrika immer größere Opfer forderten, wurden Plakate und Handzettel verteilt, auf denen alle portugiesischen Territorien zusammengelegt waren und mit der Fläche Europas verglichen wurden. Darunter stand: «Portugal ist kein kleines Land!» – es reichte, mit europäischen Größen verglichen, von der Iberischen Halbinsel bis zum Ural.

Schmelztiegel der Völker

Man sollte dies heute, auch rückblickend, nicht nur für ein ideologisches Verwirrspiel halten. Wenn man das Völkergemisch auf Lissabons Straßen betrachtet, so wird man gewahr, daß es einen besonderen portugiesischen Umgang mit dem Fremden, ja, eine Lust daran gibt. Sie ist historisch gewachsen, sie spiegelt sich in Kunst und Küche des Landes, sie ist ein Teil seiner Identität. Auf der anderen Seite entwickelte aber Portugal besondere Formen der Ungleichbehandlung und Diskriminierung, und dies aus gutem Grund: Allein die Bevölkerung von Angola und Moçambique übertraf die Portugals bei weitem, und sie bestand zum größten Teil aus Menschen anderer Sprachen und Kulturen, so daß die europäischen Portugiesen zu einer auch politischen Minderheit hätten werden können. Daher wurde ab den dreißiger Jahren die besondere Unterscheidung eingeführt zwischen «Assimilados» – den Assimilierten, die Portugiesisch lesen und schreiben konnten, Christen waren und einer bezahlten Arbeit nachgingen – und «Indígenas», die nur unmündige Anwärter auf die portugiesische Staatsbürgerschaft darstellten; sie waren verwaltete Menschen, mehr noch, Objekte, die zum Beispiel zu unbezahlter Zwangsarbeit herangezogen wurden. Diese Unterscheidung besaß ihre eigene groteske

Unlogik, denn zum einen waren bestimmte «alte» Kolonien wie die in Indien, die Kapverdischen Inseln und São Tomé ausgenommen; zweitens hätten fast die Hälfte der Portugiesen – die Analphabeten des Stammlandes selbst – die Bedingungen nicht erfüllt. Drittens wären angesichts der portugiesischen Kolonialpolitik noch Jahrhunderte ins Land gegangen bis zur Beendigung dieser «vorübergehenden» Einschränkungen.

Daß trotz der geographischen Randlage durch alle Jahrhunderte enge Verbindungen mit dem übrigen Europa bestanden haben, bezeugen auch die Werke portugiesischer Künstler:

Links oben: Abendmahlsszene des Meisters des Retabels aus der Kirche von São Francisco in Évora (Gemälde, Anfang 16. Jahrhundert).

Rückschritt in die Zukunft

Das Einverständnis der Mehrheit der Portugiesen galt nicht so sehr der konkreten Kolonialpolitik, sondern der damit verbundenen Vorstellung einer großen portugiesischen Kollektivität, dem Ausdruck einer die Jahrhunderte überdauernden portugiesischen Mission. Die Opposition, die sich im Lauf der Jahrzehnte formierte, nährte sich aus der Ahnung, daß die Wiedererrichtung des ultramarinen Weltreichs das Land in seiner politischen und sozialen Entwicklung eben in die Zeit Manuels des Glücklichen und der goldstrotzenden Bragança-Könige zurückwarf. Wohl war mit der Ermordung Carlos' I.

1908 und der Exilierung Manuels II. 1910 die Monarchie verschwunden, nicht aber das Bedürfnis danach, in einem König ein Symbol der mythischen Unzerstörbarkeit der Nation vor Augen zu haben. Der seit dem vergangenen Jahrhundert währende Kampf zwischen Liberalen und Konservativen bestand auch im 20. Jahrhundert fort; was jedoch im weiteren Sinn als Gegensatz zwischen der individuellen bürgerlichen Freiheit und dem Mythos der Nation begonnen hatte, verkürzte sich mehr und mehr zum Gegensatz zwischen den im Jahr 1921 aktiven Kommunisten und den Werten der christlichen Zivilisation. Die Radikalität und Unvereinbarkeit der Positionen mußte zu dem führen, was sich zu der Zeit in ganz Europa ausbreitete: zum Faschismus. 1928 tritt António de Oliveira Salazar zunächst als Finanzminister, ab 1932 als Ministerpräsident, auf den Plan und wird die bestimmende Figur einer Diktatur, die, über ihn hinaus, bis 1975 das Land

Links unten: Domingos António de Sequeira (1768 bis 1837) aus Belém hielt seine Tochter bei der Musikstunde fest.

Rechts: Maria Helena Vieira da Silvas (1908 bis 1992) Gemälde «Jeu de cartes» (Das Kartenspiel) von 1937.

DER DICHTER DER VIELEN NAMEN: FERNANDO PESSOA

Der mittlerweile bekannteste portugiesische Schriftsteller und Dichter des 20. Jahrhunderts ist ohne Zweifel Fernando Pessoa – auch von der Literaturwissenschaft wurde er, Jahrzehnte nach seinem einsamen Tod, als einer der großen Literaten der Welt anerkannt.

Vor dem Café A Brasileira in der Rua Garrett in Lissabon sitzt er noch heute, ein schmächtiger Mann mit Gehrock und Filzhut, an einem Caféhaustisch: Fernando Pessoa, in Bronze gegossen, aber doch wirklicher denn je in seinem kurzen Leben (1888–1935).

Geboren in Lissabon, wächst er in Durban/Südafrika zweisprachig auf und schreibt schon als Schüler erste Gedichte. 17jährig kehrt er in seine Heimatstadt zu-

Natural de (Né à — Born at) Lisboa Lisbonne Lisbon

Data do nascimento (Né le — Date of birth) 13 junho, juin, june, 1888

Profissão (Profession) empregado no comercio employé de commerce

solteiro célibataire bachelor célibe

Altura (Taille — Height) 1,73

Olhos (Yeux — Eyes) castanhos

Cicatrizes (Cicatrices — Scars)

Lisboa, 28 de Agosto de 1928

Rúbrica do Director do Arquivo

Impres… indicador direito

Empreinte de l'indicateur droit

Print of the right fore finger

ASSINATURA DO PORTADOR (Signature du Titulaire — Owner's Signature)

2 3

Oben rechts: Fernando Pessoa im Alter von sechs Jahren. – Oben: Aufnahme des Dichters von 1914. – Rechts: Pessoas Ausweis mit einem Foto des etwa Vierzigjährigen.

rück, bricht das begonnene Studium jedoch bald ab und widmet sich ganz dem Schreiben. Nebenbei verdient er sich einen bescheidenen Lebensunterhalt bei verschiedenen Firmen.

Sein Alltag als kleiner Handelskorrespondent war grau, der große Poet der portugiesischen Moderne zu Lebzeiten unbekannt und einsam, und so erfand er sich eine ganze Gruppe von Dichterkollegen, Heteronyme, unter deren Namen er seine Poesie veröffentlichte: Ricardo Reis, ein in Brasilien lebender Arzt und Monarchist; Alberto Caeiro, ein naiver Schäfer (ohne Herde!) aus dem Alentejo; Álvaro de Campos, ein in der Algarve lebender Schiffsbauingenieur, und andere, wie den Hilfsbuchhalter Bernardo Soares. Alle diese erfundenen Personen haben eine eigene Lebensgeschichte; sie kennen einander, sie kritisieren ihre Werke, die sich auch deutlich voneinander unterscheiden.

Wer von ihnen kommt Pessoa am nächsten? Man ahnt die innere Zerrissenheit des Dichters, seine Suche nach einer «wirklichen» Identität, die zugleich die Identität Portugals widerspiegelt in einer der wirrsten Epochen seiner Geschichte.

Tatsächlich fügen sich die erfundenen Poeten und ihre Gedichte zu einem Bild eines kaum benennbaren «inneren» Portugal, das aus vielen bunten Mosaiksteinen zusammengesetzt ist: Erinnerungen an Entdeckungsfahrten, Träume vom Meer und wilde Piraterei: «Hei, welch ein Leben, das war ein Leben, hei!» (aus: Álvaro de Campos, Meeres-Ode), an Bilder der Könige und Entdecker, gekrönt von mystischen Erwartungen vom kommenden Königreich Sebastiãos: «Wer ist für das wahre Leben bereit, // für das Dom Sebastian gestorben?» (aus: Pessoa, Botschaft), Bilder von einer reinen und bedeutungsvollen Natur: «Mein Blick, so blau wie der Himmel, // ist still wie durchsonntes Wasser» (aus: Alberto Caeiro, Der Hüter der Herden), von einem verwüsteten Land, aber auch von einer glorreichen Zukunft. Das Ganze wird getragen von einer Angst, die der ausdauerndste «Begleiter» Pessoas, Ricardo Reis, in seinen Oden am unmittelbarsten ausdrückt: die Wirklichkeit des Seins nicht erfassen zu können: «Nichts bleibt von nichts. Nichts sind wir. (...) lebende Leichen, welche weiterzeugen!» (aus: Ricardo Reis, Oden).

Der ganze Umfang dieser atemlosen Angst, dieser ständige Widerspruch zwischen dem «Alles-sein-müssen» und «Nichts-sein-können», dem sich der Dichter ausgesetzt sah, ist der Grundtenor auch in Pessoas Prosatexten, die, ursprünglich nicht für die Veröffentlichung bestimmt, erst 1982 erschienen sind. Hier ist es der Hilfsbuchhalter Soares, der aus dem Leben eine Rechnung macht: «Wir alle, die wir träumen und denken, sind Buchhalter und Hilfsbuchhalter (...) Wir führen Buch und erleiden Verluste; wir ziehen die Summe und gehen vorüber; wir schließen die Bilanz, und der unsichtbare Saldo spricht immer gegen uns» (aus: Fernando Pessoa, Das Buch der Unruhe des Hilfsbuchhalters Bernardo Soares).

prägen sollte. Salazars Faschismus ist besonderer Art: Zu seinen auch aus anderen Ländern bekannten Attributen wie Abschaffung von Pressefreiheit und Streikrecht, Einparteiensystem, dem unkontrollierten und brutalen Vorgehen der berüchtigten Geheimpolizei (P. I. D. E.) kommt der obsessive Glaube des Diktators, daß Portugal in einer Zeit der Selbstzerstörung des christlichen Abendlandes dazu berufen sei, eine Spur seines Fortbestehens für künftige Zeiten zu erhalten. Bis Mitte der siebziger Jahre ist keine der modernen Entwicklungen der Zeit in Portugal anzutreffen: Keine Bildungsvielfalt, keine zivilen Institutionen, nicht einmal ein nennenswertes privates Unternehmertum. Alles wird aus dem mystischen Körper der Nation geboren und dient seiner Erhaltung. Das Land erscheint als eine Insel in der Geschichte, geschaffen in uralten Tagen für die Ewigkeit.

So haben die jungen Leute dieser Zeit wohl sehr viel Vergangenheit, aber keine Zukunft. Arbeitsmöglichkeiten sind rar und schlecht bezahlt; Reisen führen sie nur in die Kasernen und den Busch Afrikas, denn seit den sechziger Jahren kämpft Portugal einen zähen Kleinkrieg gegen die aufständischen Kolonien. Viele junge Männer fliehen in andere europäische Länder und schicken von dort Nachrichten über eine in Portugal fremde moderne Welt. Immer mehr afrikanische Länder werden unabhängig, die Diktaturen Europas brechen zusammen. Auch Portugal ging einer Umwälzung entgegen, die ein drittes Mal den Verlust des Weltreichs und die Rückkehr nach Europa bedeutete.

Was blieb – Fado und Saudade

Europa – was heißt das für die Portugiesen heute? Nach Jahren einer ungewissen Randstellung ist Europa zunächst eine neue Heimat. Nirgendwo wird man so häufig die blaue Flagge mit dem Kranz gelber Sterne sehen, nirgendwo so häufig Europa erwähnt finden, nirgendwo eine so aufrichtige Bemühung, mit gemeineuropäischen Errungenschaften und Symbolen gleichzuziehen. Europa bedeutet aber auch das Eintreten in ein ökonomisches Umfeld, das durch ungehemmte Konkurrenz gekennzeichnet ist: Viele Industriebetriebe, die sich dank Privilegien im portugiesischen Weltreich keine Sorgen um Rentabilität machen mußten, brechen zusammen; die Arbeitslosigkeit wächst. Trotzdem hat ein beispielloser Modernisierungs- und Bauboom eingesetzt: Viele europäische Firmen versuchen, möglichst schnell auf dem neuen Markt präsent zu sein.

Vor allem bedeutet Europa aber eine neue Tür nach draußen: Die Millionen von Portugiesen, die in früheren Jahrhunderten nach Asien, Brasilien, Afrika und neuerdings auch schon nach Frankreich ausgewandert waren, können nun als ungelernte Kräfte, als Bauarbeiter und als Dienstmädchen nach Hamburg oder Berlin ziehen. Hans Magnus Enzensberger hat in einen Artikel, der 1986 erschienen ist, einige melancholische Überlegungen aufgenommen. Sie gehen aus von einem Bibelzitat zur Wanderung des Volkes Israel: nur der «Rest», die Alten, Schwachen, die Arbeitsunfähigen, sind geblieben. Wird auch Portugal dereinst ein Land mit wenigen restlichen Einwohnern sein, die nicht mehr auswandern konnten oder wollten, ein Land von Invaliden, von Kindern und Rentnern?

Ist das nicht schon eine alte, auch fast biblische Geschichte, die vor vielen Jahrhunderten damit begann, daß die Bauern der Burgunderfürsten im Minho ihre Pferde und Esel bepackten und nach Süden zogen, und die sich seitdem immer wiederholt hat? Wer weiß wirklich, wie sie enden wird? Geschichte – das sind die Geschichten, die sich die alten Männer erzählen, wenn sie auf den Plätzen der kleinen Städte stehen oder sitzen und die Vorübergehenden mustern. Viele von ihnen sind ausgezogen, viele sind auf dem Meer und in fernen Ländern geblieben. Manche sind verschollen, manche reich geworden; gelegentlich kehren sie zurück: Fremde, die man kennt und doch vergessen hat. Geschichte ist hier kein Vorwärtsstreben, kein Aufbauen. Sie hat etwas Zyklisches, Antithetisches: die Wellen schäumen hoch, um wieder in sich zusammenzusacken. Was den Menschen am Rand der See bleibt, ist das Nichtbegreifen, das Warten: «fatum», das lateinische blinde Schicksal, zelebriert in der Musik des Fado – Trauer und Sehnsucht, geronnen zur «Saudade», einem nationalen Kult des Sich-Ergebens.

Hoch über Lissabon liegt die Kirche Nossa Senhora da Graça aus dem 13. Jahrhundert. Die Kirche mußte nach dem großen Erdbeben 1755 von Grund auf neu gebaut werden und wurde Anfang des 20. Jahrhunderts stark restauriert. Der Platz vor der Kirche bietet einen guten Blick auf die Stadt.

Nächste Doppelseite: Auf der Praça da Figueira in Lissabon steht das Reiterstandbild von João I., der in der Schlacht von Aljubarrota 1385 Portugals Eigenständigkeit gegen Kastilien verteidigte.

…ARES, JOÃO DAS REGRAS, POVO DE LISBOA E CORTES DA NA…

Abendstimmung in Lissabon. Die untergehende Dezembersonne taucht das Castelo de São Jorge in warme Farben. Die Weihnachtseinkäufe lassen sich in Portugals Hauptstadt bei angenehmen Temperaturen erledigen.

Die Eingangsportale der Lissabonner Estação Central do Rossio. Der ehemalige Hauptbahnhof der Stadt wurde im pseudomanuelinischen Stil 1888 bis 1890 errichtet. Die im Jugendstil gehaltenen Portale laden gerade nachts den Reisenden ein, hereinzukommen.

Der elegante, reich geschmückte Elevador de Santa Justa verbindet die Lissabonner Unterstadt mit der Oberstadt. Der Aufzug wurde 1901 nach einer Konstruktion von Raoul Mesnier de Ponsard gebaut und überwindet einen Höhenunterschied von 32 Metern.

Nächste Doppelseite: Erkennungsmerkmal des Paço Real in Sintra sind die beiden konisch geformten Schornsteine aus dem 18. Jahrhundert. Der ehemalige Königspalast geht zurück auf eine Sommerresidenz Joãos I., die dieser hier Anfang des 15. Jahrhunderts bauen ließ. Die prunkvolle Inneneinrichtung stammt von Manuel I. (1469 bis 1521), der hier in dem nach ihm benannten manuelinischen Stil anbauen ließ.

Fisch ist aus der portugiesischen Küche nicht wegzudenken. Vor allem an der Küste wird er fast jeden Tag gegessen, und etwa ein Prozent der Portugiesen finden ihr Auskommen im Fischfang:

Oben: Sardinen werden am Strand von Nazaré, einem bedeutenden Fischerort an der Atlantikküste nördlich von Lissabon, zum Trocknen auf Gitterrosten in die Sonne gestellt.

Unten: In einem Fischgeschäft in Sesimbra, das südlich von Lissabon an einer ruhigen Bucht am Meer liegt.

Impressionen aus dem Fischer- und Badestädtchen Sesimbra:

Oben: Wieder im Hafen – der Fang wird in Körben den Helfern auf der Kaimauer zugeworfen.

Unten: Nur noch wenige Handgriffe, und das Tagwerk ist für diese Fischer erledigt. Der Fang wird entweder von ihren Frauen direkt am Strand oder in den Läden des Orts verkauft.

Am Strand von Nazaré. Um sich vor der sengenden Sonne schützen zu können, gibt es für die Badegäste kleine Zelte mit ausladenden Vordächern.

Diese Frau, die vor zum Trocknen aufgehängten Reusen und Fischernetzen sitzt, verkauft Vorhänge, aus denen mit Hilfe von Sonnenschirmen schnell Zelte entstehen. Sie schützen die Badegäste sowohl vor Sonne und Wind wie auch vor den neugierigen Blicken der Nachbarn.

Ein Angler am Strand von Nazaré. Das Rauschen der Wellen entspannt und lädt zum Träumen ein – ob ein Fisch anbeißt oder nicht, wird da zur Nebensache.

Nächste Doppelseite: Viele Fischer arbeiten noch mit den traditionellen, großen Ruderbooten. Mit Ochsengespannen wird ein Fischerboot am Strand von Vagueira an Land gezogen. Diese Technik ist auch in anderen portugiesischen Fischerdörfern anzutreffen.

Die Barockkirche São Tiago in Óbidos steht ganz in der Nähe des Eingangs zum Kastell. Im Hintergrund ein Turm dieser mächtigen, in ihren Ursprüngen aus der Maurenzeit stammenden Festung.

Das Städtchen Óbidos liegt auf einem felsigen Hügel über dem Rio Vargem. Viele der malerischen Straßenzüge führen daher steil bergan.

Oben und unten: Óbidos konnte sein altes Stadtbild weitgehend bewahren und wurde als Nationalmonument vollständig unter Denkmalschutz gestellt. Die blauen Streifen an den Hausfassaden sollen traditionsgemäß vor bösen Geistern schützen.

Nächste Doppelseite: Der Palácio Nacional de Queluz gilt als eines der schönsten Rokoko-Schlösser in Portugal. Der dreiflügelige Bau entstand als Sommerresidenz für Pedro III. zwischen 1747 und 1755. Sehenswert sind auch die Palastgärten mit einem Kanal, zahlreichen Springbrunnen, Wasserbecken und reichem Skulpturenschmuck. (Siehe auch Seite 152.)

BACALHAU, VINHO VERDE UND VIELES MEHR

Die bei uns weitgehend unbekannte Küche Portugals hält einige Überraschungen bereit: Schmackhafte Suppen, köstliche Fisch- und Lammgerichte, dazu hervorragende Weine und Süßspeisen – es lohnt sich, das Land auch kulinarisch zu entdecken.

Für eines der begehrtesten Produkte Portugals, den Portwein, wurde schon in den zwanziger Jahren international geworben.

Hunger und Durst muß man nirgendwo in Portugal sehr weit tragen: Auch kleine Dörfer bieten Gasthäuser aller Art (und oft nicht die schlechtesten!), die Städte sind voll davon, und wenn man auf einer Landstraße gegen Mittag plötzlich in einen Verkehrsstau gerät, so ist der Grund oft ein kulinarischer: ein manchmal unscheinbares Restaurant, das sich regionalen Ruf erworben hat und nun zum Ziel sonntäglicher Wallfahrten wird. Portugiesen lieben es, essen zu gehen, sei es mit der Familie, sei es allein, mit wohlgefülltem oder schmalem Geldbeutel, und dementsprechend hat sich im ganzen Land eine Kochkunst entwickelt, die viel Regionales und Originelles bietet.

Ob man die Speisekarte *(ementa)* konsultiert oder sich vom Tagesgericht *(prato do dia)* überraschen läßt – am Anfang steht eine Vorspeise, meist eine der vielen Suppen des Landes: der nordportugiesische *caldo verde* (Kohlsuppe) mit feingeschnittenen Blättern, eine *açorda,* eine Brotsuppe mit viel Knoblauch, oder eine Gemüsesuppe; das bekannt-unbekannte Gewürz, dessen Geschmack einen stutzen läßt, ist das in Portugal noch häufig gebrauchte frische Korianderkraut.

Das Hauptgericht bestand früher aus einem Fleisch- und einem Fischgang; heute ist man bescheidener, und es empfiehlt sich, den leckeren und meist fangfrischen Meeresfrüchten den Vorrang zu geben: Das ist auch die Domäne der Nobelrestaurants, kenntlich an den Langustenbecken im Schaufenster und ihren unbescheidenen Preisen. Doch es geht auch einfacher: Sardinen *(sardinhas),* die «Brotfische» der Portugiesen, sind lecker, wenn sie mit grobem Salz eingerieben vom Holzkohlengrill kommen und mit einfachem Brot und Rotwein serviert werden. Alltäglich ist auch der meterlange, silberglänzende Schwertfisch *(espada).* Im Sommer wird gern Thunfisch *(atum)* angeboten, aber je nach Jahreszeit stehen auf der Speisekarte oft eine ganze Auswahl leckerer Atlantikfische: *pescada* (Seehecht), *linguado* (Seezunge), *cavala* (Makrele), *lampreia* (Neunauge) oder *robalo* (Seebarsch); manche Restaurants sind bekannt für ihre guten *caldeiradas,* dicke Fischsuppen, bei denen es auf die geschickte Kombination verschiedener Fischarten und Gewürzen ankommt. *Lulas* oder *polvos* (Tintenfische) erscheinen gelegentlich als Hauptgericht, doch meist werden sie, als Salathäppchen

Auf einladende Lokale stößt man in Portugal allerorten: hier die verführerische Kuchentheke der «Única fábrica dos pastéis de Belém» in der Rua de Belém, wo es angeblich die besten Pastéis de nata der Stadt gibt (oben) und – mit deftigerer Kost – die «Cervejaria Trindade» in Lissabon mit ihren berühmten Azulejo-Wandbildern (links).

Auf den Wochenmärkten wird eine große Fülle von Obst und Gemüse angeboten.

eingelegt, als Zugabe zum Bier gereicht, ebenso wie Krabben oder kleine Gerichte aus Stockfisch. Letzterer, der *bacalhau*, ist ohnehin ein besonderes Kapitel der portugiesischen Küchen- und Kulturgeschichte: Es handelt sich um gesalzenen und getrockneten Kabeljau, mit dessen Fang an der grönländischen oder kanadischen Küste sich früher junge Männer ihre Hochzeitsausstattung verdienten. Früher war Stockfisch, der sorgfältig gewässert und entgrätet werden muß, ein Arme-Leute-Essen. Heute ist er selten geworden und daher teuer; aber es ist undenkbar, daß er mit seinen angeblich 365 Zubereitungsarten – für jeden Tag im Jahr eine – von der Speisekarte verschwindet. Beliebt sind etwa *bacalhau com todos* (mit verschiedenem Gemüse) und *bacalhau à Bras* (mit Zwiebeln, Kartoffeln und Oliven).

Im Vergleich zu dieser Vielfalt sind die portugiesischen Fleischgerichte einfach geblieben. In der Alltagsküche findet man nur etwas willkürlich geschnittene Stücke, die mit viel Knoblauch entweder scharf gebraten oder gedünstet werden. Wenn man Glück hat, bekommt man auch ausgezeichnete Lammgerichte, doch meist präsentiert sich die portugiesische Küche noch wirklich regional, und das heißt, daß Schaf und Ziege vor allem da auf den Tisch kommen, wo sie gezüchtet werden: in den Bergregionen des Landesinneren. Zur Regionalküche des Alentejo gehört auch die bekannte *cataplana:* Schweinefleisch und Muscheln, die in dem gleichnamigen ovalen, verschließbaren Kochgeschirr gedünstet werden; oder die nicht nur bei Einheimischen beliebten Gerichte aus Kutteln *(tripas)*, für die die Gegend um Porto bekannt ist.

Zu den regionalen Spezialitäten gehören auch die vielen Süßigkeiten: die *ovos moles* («weiche Eier», mit Reis) aus Aveiro oder die *torta* aus Viana do Castelo. Die meisten Restaurants bieten als Nachtisch nur den obligaten Karamelpudding *(flan)*, so daß man gut daran tut, es bei einem kleinen Mokka *(bica)* und einem *bagaço* (Tresterschnaps) bewenden zu lassen und sich dann eine «Pasteleria» (Konditorei) mit ihrer reichen Auswahl an verschiedenen köstlichen *bolos* (Kuchen) zu suchen.

Ein eigenes Kapitel sind die Weine in Portugal: Jede Gegend hat ihre Spezialitäten

Natürlich bekommt man in einem Land mit über 1000 Kilometer Küste Fisch und Meeresfrüchte in unvorstellbar vielen Zubereitungsarten. Im Landesinneren jedoch wird auch viel Lamm, Ziege und Geflügel gegessen.

und jedes Restaurant seinen Hauswein *(vinho da casa)*, dem man fast immer vertrauen kann. Bekannter sind die Weine aus dem Dão-Gebiet, die Gewächse des Hauses *Mateus* und der «grüne Wein» *(vinho verde)* aus dem Norden – ein leicht moussierender säuerlicher Wein, der selbst in der Mittagshitze keinen schweren Kopf hinterläßt. Der berühmte Portwein *(porto)* stammt vom Oberlauf des Douro aus einem gesetzlich begrenzten Anbaugebiet.

Reiserouten durch Portugal

Die wichtigsten Sehenswürdigkeiten in Lissabon werden unter «Sehenswerte Orte und Landschaften von A bis Z» beschrieben; auf einen Stadtrundgang wurde daher hier verzichtet. – Zu allen in den Routen genannten Orten mit Seitenverweis sind ausführliche Informationen in «Sehenswerte Orte und Landschaften von A bis Z» zu finden. – Ziffern im Kreis geben die Nummer der Route auf der Karte auf Seite 99 an.

Von Braga führt eine kleine Straße (N 101) direkt nach Norden, auf der man unter anderem den Rio Lima überquert, den wir in dem idyllischen Ort Ponte da Barca erreichen: Von hier aus fuhren die Kähne, die in der ganzen Umgebung den Wein gesammelt hatten, hinunter zur Küste und weiter nach Porto. Bei Monção ist das Ende der Straße erreicht: Hinter dem verschlafenen kleinen Ort liegt, tief unten in einer Schlucht, der Minho – die Grenze nach Spanien. Eine gut ausgebaute Straße folgt ihr nach

Im südlichen Minho gibt es einiges zu entdecken: So das kleine lebendige Städtchen Barcelos, in dem donnerstags der größte Wochenmarkt Portugals stattfindet (links oben), oder Vila do Conde (rechts oben), das neben schönen Stränden auch ein sehenswertes Stadtzentrum besitzt.

Unten: Nazaré an der Atlantikküste hat sich in den letzten Jahren von einem idyllischen Fischerdörfchen in einen vielbesuchten Badeort verwandelt. Doch immer noch tragen die Fischer ihre berühmten Trachten, wenn sie in den bunt bemalten Booten zum Einholen der Netze auslaufen.

Route ①: Durch die Provinz Minho

Porto – Guimarães – Braga – Monção – Viana do Castelo – Barcelos – Póvoa de Varzim – Porto (rund 175 km)

Durch fruchtbares Kulturland führt diese Route von Porto bis zur Nordgrenze nach Spanien. Über die Autobahn erreicht man schnell die Städte Guimarães *(siehe Seiten 127/128)* und Braga *(siehe Seiten 123/124)*.

Westen in Richtung Atlantik. In Caminha sollte man anhalten, nicht nur wegen des Blicks auf die weite Flußmündung mit ihren vielen Fischerbooten, sondern um die 1565 vollendete Pfarrkirche zu besichtigen, die den Übergang von der Manuelinik zur Renaissance vor Augen führt. Von hier sind es nur noch 24 Kilometer bis Viana do Castelo *(siehe Seite 154)*, das allein eine Reise lohnt.

Fast immer an der Küste entlang geht es dann zurück nach Porto. Sieht man von dem landeinwärts gelegenen Örtchen Barcelos mit seinem malerischen mittelalterlichen Stadtbild ab, so wird man unterwegs keine außerordentlichen Kunstdenkmäler mehr finden, wohl aber Strand und quirliges Badeleben in den Hotelburgen von Póvoa de Varzim und Vila do Conde.

Route ②: Durch das Douro-Tal nach Trás-os-Montes

Porto – Vila Nova de Gaia – Lamego – Vila Real – Chaves Miranda de Douro – Amarante – Porto (rund 350 km)

Man sollte mit diesem Ausflug einen Besuch des – Porto gegenüber gelegenen – Vila Nova de Gaia verbinden, eines Städtchens, das schicksalhaft mit dem Douro-Tal verbunden ist: Nur der hier gereifte Wein darf als Port-

wein gelten, was von der Portwein-Behörde in Peso da Régua überwacht wird! Man folgt nun dem Douro landeinwärts. Der eigentliche Hauptort der Region, der frühere Bischofssitz Lamego *(siehe Seite 128)*, liegt etwas südlich des Flusses. Von hier führt über Peso da Régua ein Sträßchen 27 Kilometer in den Norden nach Vila Real. Bald wird die Landschaft karg, nur wo Wasserläufe kreuzen, ist die Erde etwas fruchtbarer; hier liegen auch die wenigen Ansiedlungen. Die Menschen, die man in Trás-os-Montes trifft, sprechen als einzige vom Standard-Portugiesischen deutlich abgesetzte Dialekte. Hier ist man in einem der abgeschiedensten Gebiete Europas angelangt.

Von den beiden hinter Vila Real abzweigenden Straßen nehmen wir zunächst die nördliche, die uns nach Chaves führt – eine in der Vergangenheit strategisch wichtige Stadt, wovon noch die Reste einer Burg zeugen und die Igreja Matriz, die in Teilen romanische Pfarrkirche. Auf der N 103 fährt man an Vinhais mit den Resten einer Burg vorbei und erreicht schließlich Bragança. Von hier kann man nach Spanien ausreisen, oder man fährt weiter an der Grenze entlang nach Miranda de Douro, in die abgelegenste und exotischste Stadt Portugals, in der eine besondere Sprache, das Mirandês, gesprochen wird, und wo es besondere Trachten und Bräuche gibt.

Von Bragança aus kann man auf einer direkten Straße nach Porto zurückkehren. Bis Vila Real findet sich nur ein nennenswerter Ort auf der Strecke: Mirandela mit römischer Brücke und manuelinischen Bürgerhäusern ist heute noch ein Marktflecken mit großem Einzugsgebiet. Dicht besiedelt ist allerdings das letzte Stück der Route: Hier reiht sich Dorf an Dorf. Hauptort ist Amarante mit seinem Kloster São Gonçalo.

Route ③: Die «klassische» Rundfahrt

Leiria – Batalha – Nazaré – Alcobaça – Óbidos – Santarém – Tomar (rund 200 km)

Auf einer relativ kurzen Strecke berührt diese Route berühmte Kunststätten des Landes und eine Vielfalt an Landschaftsformen. Leiria *(siehe Seite 128)* war zur Zeit der Erschließung von Mittelportugal die bedeutendste Stadt der Region, Residenz unter König Dinis, und ist heute noch wichtiges landwirtschaftliches Zentrum. Das Kloster Batalha *(siehe Seiten 33 ff. und 123)*, ein Muß für jeden Portugal-Reisenden, liegt nur wenige Kilometer südwärts.

Eine kurze, enge Straße führt nun nach Nazaré *(siehe Seite 150)*. Von hier sind es sechs Kilometer zu einem künstlerischen Höhepunkt Portugals: dem Zisterzienserkloster Alcobaça *(siehe Seite 120)*. Von hier fahren wir südwärts, vorbei an dem Fischerdörfchen Espinho, in die Industriestadt Caldas da Rainha, deren Kirche Nossa Senhora do Pópulo Manuel I., der unermüdliche Bauherr des 16. Jahrhunderts, ausgestalten ließ. Südlich davon liegt Óbidos, wo man sich ins 17. Jahrhundert zurückversetzt fühlt: die Stadtmauer unversehrt, eine Pousada im mauri-

Links oben: Die Christusritterburg über Tomar. – Links Mitte: Chaves im Norden des Landes war schon in römischer Zeit besiedelt. – Links unten: Hauptportal der Kirche von Batalha. – Großes Foto: Óbidos in der Estremadura ist heute noch vollständig von einer Mauer umgeben.

Einsam im Südosten des Alentejo liegt Mértola, dessen Pfarrkirche – eine ehemalige maurische Moschee – sich hoch über der Stadt erhebt.

schen Kastell und enge Straßen – eine Stadt zum Spazierengehen und zum Probieren der Ginjinha, eines köstlichen Kirschlikörs, der aus den in der Region wachsenden Süßkirschen gewonnen wird. Santarém, westwärts am Tejo-Ufer, liegt abseits der großen Routen. Hier ist man schlagartig in der Welt der Schafe und Korkeichen. In der Stadt selbst kann man sich die mit Azulejos geschmückte Markthalle ansehen sowie die Kirchen Igreja do Seminário mit Marmorfassade und die gotische Igreja da Graça des ausgehenden 14. Jahrhunderts, in der Pedro Álvares Cabral, der Entdecker Brasiliens, und seine Gemahlin bestattet sind. 57 Kilometer nördlich erreicht man Tomar *(siehe Seite 154)*. Auf halben Rückweg nach Leiria steht die Wallfahrtskirche von Fátima, vor der sich am 13. jeden Monats Pilger aus ganz Europa versammeln.

Heute noch erinnern in der Grenzstadt Vila Real de Santo António die schnurgerade verlaufenden Straßen an den Erbauer der Stadt, den Marquês de Pombal.

Route ④: Durch den Alentejo – Évora, Estremoz, Beja und Mértola

Évora – Estremoz – Elvas – Évora Monte – Beja – Mértola – Alcoutim (oder Beja – Lissabon) (rund 225 km bis Alcoutim)

Alentejo, «jenseits des Tejo», beginnt ein anderes Land, das bis in die letzten Jahrzehnte durch den Fluß abgeschnitten war. Wer diesen traditionellen Alentejo der Korkeichen und Schafherden kennenlernen möchte, dem sei die östlichste der drei durch die Region führenden Straßen empfohlen. Sie beginnt in Évora *(siehe Seiten 125/126)*. An der großen Fernstraße zwischen Lissabon und Madrid liegen weitere sehenswerte Orte: Estremoz *(siehe Seite 125)* und Elvas *(siehe Seite 125)*. Einen Ausflug lohnt auch Évora Monte zwischen Évora und Estremoz, das noch gänzlich innerhalb eines mittelalterlichen Burgwalls gelegen ist. Von Évora aus bringt uns die N 18 nach Beja *(siehe Seite 123)*. Von hier aus kann man auf der Küstenstraße über Grândola nach Lissabon zurückkehren. Wenn man in die Algarve möchte, lohnt es sich, nach Mértola weiterzufahren: Hier hat sich der Rio Guadiana in eine tiefe Schlucht eingegraben; auf der anderen Seite erhebt sich der Burgberg mit einem mächtigen Kastell, zu dessen Füßen liegt die einzige aus maurischer Zeit erhaltene Moschee, heute Pfarrkirche. Nach 40 Kilometern auf der N 122 bringt uns eine Abzweigung zu dem reizvollen Städtchen Alcoutim, das bereits zur Algarve gehört.

Heiter-mediterran präsentiert sich Tavira an der Algarve. Zwar leben hier noch viele Menschen vom Fischfang, doch kommen in den letzten Jahren auch immer mehr Touristen, die auf der vorgelagerten Düneninsel Ilha de Tavira einen weiten Sandstrand vorfinden.

Route ⑤: Die Sand-Algarve

Vila Real de Santo António – Tavira – Olhão – Faro – Albufeira – Loulé – São Brás de Alportel – Estói – Vila Real de Santo António (rund 100 km)

Es ist üblich geworden, die Algarve zu «halbieren»: Sandbänke, flache Meeresarme und Lagunen bestimmen den östlichen Teil – ein Land, das allmählich zum Meer übergeht und sich deutlich von der westlicheren Algarve mit ihren Felsenküsten unterscheidet. Der östlichste Ort der Algarve ist Vila Real de Santo António *(siehe Seite 62)*. Schon wenige Kilometer dahinter folgt Monte Gordo, das mit einem paradiesischen Sandstrand lockt.

Die alte Küstenstraße führt durch kleine und größere Badeorte: Tavira, Olhão, Faro und natürlich Albufeira. Das mondäne Badeleben erreicht seinen Höhepunkt in

Fortsetzung Seite 119

Ein Schäfer im Alentejo bei Mértola. Im Süden Portugals ist die Schafzucht weit verbreitet und hat eine lange Tradition.

Nächste Doppelseite: Bei Almodôvar im Alentejo. Eine Möglichkeit, die kargen Böden im Süden Portugals zu nutzen, bietet die Schafzucht. Im Hintergrund stehen Korkeichen.

Olivene
tejo. D
den mi
gen von
gesc
auf
g
gesan
bäum
Portu
ihre Fr
dara
Öl sir
bare B

Nächs
Zwisch
nen s
bei
wir
Port
bea
Kna
der
sind in
b
me
sind
b
wir

Gelbe und blaue Streifen verleihen den weißen Hausfassaden in dieser Straße in Odemira am Rio Mira Farbe.

Die Kirche von Vila Nova de Milfontes. Dieser kleine Fischerort mit Naturhafen, schönem Strand, Grotten und einem im 17. Jahrhundert erbauten Kastell liegt am rechten Mündungsufer des Rio Mira.

Eine der Sehenswürdigkeiten der Bezirkshauptstadt Évora im Alto Alentejo ist die Kathedrale. Der wehrhafte Bau, 1186 begonnen, aber erst um 1300 beendet, zeigt neben frühgotischen auch spätromanische Stilelemente. Im Bild der Vierungsturm der Kathedrale.

Nächste Doppelseite: Mértola liegt auf einem steilen Hang über dem Rio Guadiana. Neben der Igreja Matriz, einer früheren Moschee und späteren Kirche, und einem Castelo besitzt es zahlreiche sehenswerte Häuser.

bonança
SEGUROS
Esso
MB
MULTIBANCO

Die Algarveküste läßt sich in zwei Teile gliedern: Ihr östlicher Teil ist von Sandstränden und flachen Meeresarmen bestimmt, der westliche Abschnitt von Felsenküsten, die von Sandbuchten unterbrochen werden. Oben: Badespaß und Wassersport am Felsenstrand von Vila Nova de Milfontes. Unten: Kleine Badebucht bei Porto Covo.

Die felsige Küste bei Porto Covo eignet sich nur an wenigen Stellen zum Baden. Dafür bietet sie einen reizvollen Anblick für das Auge des Wanderers, vor allem, wenn noch der riesige Blütenstand einer Agave ins Blickfeld rückt.

Nächste Doppelseite: Portel, südöstlich von Évora gelegen, wird von der aus der Mitte des 13. Jahrhunderts stammenden Burg überragt. Sie wurde von dem Troubadour João Peres de Aboim erbaut. Er war Mitglied eines von König Afonso III. geförderten Dichterkreises.

Bei Cercal. Rötliche Tonerde, spärliches Grün, knorrige Bäume – ein typisches Bild für den Alentejo.

Nach wie vor umstritten ist die Frage, ob es sich bei den Resten der Festung bei Sagres tatsächlich um die Akademie Heinrichs des Seefahrers handelt.

Vilamoura, Vale do Lobo und Quarteira: Hier sind ganze Ferienstädte mit Bungalow-Siedlungen, Mammuthotels, Yachthäfen und Golfplätzen entstanden.

Für den Rückweg bietet sich natürlich wieder die Autobahn an, doch wer das Innere, den «Barrocal» mit seinen Mäuerchen, Kapellen und Dörfern besser kennenlernen will, dem bietet sich die sehr hübsche Landstraße über Loulé *(siehe Seite 150)*, São Brás de Alportel *(siehe Seiten 152/153)* und das Schlößchen von Estói, bis man schließlich bei Tavira die Küstenstraße wieder erreicht.

Route ⑥: Die Felsen-Algarve – von Albufeira bis Sagres

Albufeira – Portimão – Lagos – Sagres – Cabo de São Vicente – Vila do Bispo – Aljezur – Monchique – Silves – Albufeira (rund 140 km)

Wo die Autobahn (bisher) endet, die Sandstrände auf kleine Buchten beschränkt bleiben und ein kühler Wind wehen kann, da beginnt die Felsenküste der Algarve – weniger überlaufen als ihr östlicher Teil. Das gilt allerdings noch nicht so sehr für Albufeira. Von hier ab sind die Strände von Felsen und Klippen umschlossen, was sie landschaftlich abwechslungsreicher, aber auch räumlich begrenzter macht. Berühmt wurde die Praia da Rocha bei Portimão, die Wiege des Algarve-Tourismus zu einer Zeit, als nur reiche Engländer die Küste besuchten. Auch Lagos hat seine berühmte Küste: die Ponta da Piedade. Dahinter wird die Küste immer rauher, karger und windiger, und das allerletzte Stück bis Sagres und das Cabo de São Vicente sind durch die rötliche, steil ins Meer abfallende Felsküste geprägt. Einen schönen Rundblick hat man von dem 24 Meter hohen Leuchtturm an der Spitze des Kaps. Auf einem weiteren Vorgebirge, der Ponta de Sagres, liegen die restaurierten Wälle einer Festung (Fortaleza) aus dem 17. Jahrhundert, innerhalb derer häufig Ausstellungen über die Zeit der großen Entdeckungen veranstaltet werden sowie tägliche Vorführungen eines Films zur Entdeckungsgeschichte stattfinden.

Das ehemalige römische «Portus Magnus» (Großer Hafen) verfügt heute als Portimão über die größte Fischereiflotte der Algarve. Beliebte Strände finden sich erst drei Kilometer weiter in Praia da Rocha.

Sagres selbst bietet außer Restaurants und Cafés am Hafen und einer neuen Hotelanlage (Pousada) kaum Zerstreuung. Raposeira («Fuchsloch»), der Wohnsitz Heinrichs des Seefahrers, liegt zehn Kilometer nördlich bei Vila do Bispo; zwei Kilometer östlich davon zweigt ein Weglein zu einem der ältesten Sakralbauten der Region ab: zur romanisch-gotischen Kapelle Nossa Senhora da Guadeloupe, wo auch Heinrich gebetet haben soll.

Eine schöne alte Strecke für die Rückfahrt führt von Vila do Bispo 30 Kilometer nördlich bis Aljezur, von hier kann man in das Gebirge, die Serra de Monchique mit ihrer teils subtropischen Vegetation, vorstoßen. Beim Kreisstädtchen Monchique findet man die Caldas de Monchique, ein reizvoll gelegenes altes Kurbad. Nördlich von Monchique führt die Straße durch den Barranco dos Pisões, eine der einsamsten und wildesten Landschaften im südlichen Portugal.

Von Monchique erreicht man leicht die alte maurische Stadt Silves *(siehe Seite 153)*. Von dort aus geht es auf einer gut ausgebauten Nebenstraße direkt in das turbulente Albufeira zurück.

In der Umgebung des kleinen Städtchens Monchique finden Naturfreunde eine kaum vom Menschen gestörte, reiche Vegetation, wilde Schluchten und heiße Quellen, die bereits die Römer gegen Rheuma und Hautleiden aufsuchten.

Sehenswerte Orte und Landschaften von A bis Z

Ziffern im Kreis verweisen auf die Karte auf Seite 155. Es würde den Rahmen dieses Kapitels sprengen, alle großen, bedeutenden und sehenswerten Städte Portugals zu beschreiben. Bei der Auswahl wurde der Schwerpunkt auf die touristisch interessantesten Reiseziele gelegt. Zahlreiche weitere sehenswerte Orte werden in den Reiserouten auf Seite 98 ff. vorgestellt.

Links: Brautleute reisen teilweise von weit her an, um in dem monumentalen Gotteshaus von Batalha den Bund fürs Leben zu schließen.

Oben: Albufeira mit seinen engen Gassen zwischen den leuchtend weißen Häusern hat sich als meistbesuchter Badeort der Algarve stark gewandelt und viel von seinem Charme eingebüßt.

Albufeira ①. Zeugen der sehr alten Geschichte des Ortes, die noch auf die Römer und die Mauren – der Name kommt vom arabischen Al-buaira, die Lagune – zurückgeht, findet man nur vereinzelt; das Erdbeben von 1755 und Stadtbrände haben die meisten Sehenswürdigkeiten zerstört. Als bedeutendste ist die *Capela da Misericórdia* aus dem 16. Jahrhundert in der heutigen Altstadt geblieben. Wichtigster touristischer Besitz der Stadt ist der schöne Sandstrand, der – von Klippen umgeben – durch einen kurzen Felstunnel erreicht wird. Ein weiterer Felsgrat teilt ihn in zwei Hälften. Die östliche wird noch mehr von den Fischern genutzt, deren Fang hier täglich frisch auf dem dahinter liegenden Fischmarkt angeboten wird.

Alcobaça ②, 108 Kilometer nördlich von Lissabon, kann als einer der Höhepunkte jeder Portugalreise zählen. Die Gründung des Klosters geht auf ein Gelübde zurück: Afonso Henriques sammelte hier seine Leute zum Zug gegen das noch maurische Santarém und gelobte, im Fall eines Sieges das fruchtbare Land am Zusammenfluß von Alcoa und Baça den Zisterziensern zu überlassen. So wird nach dem Sieg das Zisterzienserkloster *Real Abadia de Santa Maria de Alcobaça* zum Mittelpunkt des zisterziensischen Wirtschaftsimperiums, das durch Schenkungen und Zukäufe von Land weiter wächst: Als «Herr über dreizehn Städte und drei Häfen» wird Alcobaça zur Schaltstelle: Die Gebäude wachsen zu einer gewaltigen Anlage mit fünf Kreuzgängen, sieben Schlafsälen, Bibliotheken, Wirtschaftsgebäuden. Als Ganzes kann die Anlage nicht besichtigt werden, wohl aber die Kirche, ein Kreuzgang und die riesige Küche der Anlage.

Die Klosterkirche überwältigt jeden Besucher schon beim Eintreten: Sie ist eine der wenigen gotischen Hallenkirchen, die später nicht verändert worden sind. Die Säu-

Rechts oben und unten: Aveiro in der Beira Litoral ist nicht nur von schmalen Gassen, sondern auch von romantischen Kanälen durchzogen, an deren größtem, dem Canal da Cidade, sich, ebenso wie im Stadtzentrum, Bürgerhäuser mit prächtigen Fassaden befinden.

lenreihen sind zum Mittelgang hin abgeflacht; der ohnehin größte Kirchenbau Portugals wächst durch diese optischen Kunstgriffe ins Überdimensionale. Die Strenge der Linienführung wird durch das Fehlen jeden Schmucks unterstrichen. In den Armen des Querschiffs stehen die Särge von Pedro I. und seiner Geliebten Inês de Castro. Eine kleine Tür im linken Seitenschiff führt den Besucher in den Kreuzgang, dessen unteres Stockwerk noch ganz der französischen Zisterzienser-Baukunst entspricht. Diesem älteren Teil, entstanden in den Jahren 1308 bis 1311, wurde im 16. Jahrhundert nach manuelinischer Manier ein Stockwerk aufgesetzt. Inmitten des Kreuzgangs steht das gotische Brunnenhaus. Ansonsten ist vor allem die Küche zu besichtigen, die immer wieder Staunen erregt: Gewaltige steinerne Arbeitstische gaben Platz für viele Köche; ein Bach rauscht unter der Halle durch und füllt ein Becken, in dem Gemüse, Fleisch und Fisch geputzt werden konnten. Hinzu kommt ein 18 Meter hoher Rauchfang, in dessen unterer Öffnung genug Platz war, daß für Hunderte von Menschen gekocht werden konnte.

Aveiro ③ liegt, was man sonst nur in der Algarve findet, an einer Ria, einem Meeresarm, der weit in die Stadt hineinreicht und den Fischern idealen Schutz bietet. Neben den faszinierenden Jugendstilhäusern am Ria-Ufer ist die Hauptattraktion Aveiros das Kloster *Convento de Jesús.* Hier lebte und starb die Prinzessin Johanna (1452–1490), Tochter des Königs Afonso VI., die sich der üblichen Heiratspolitik verweigert und darauf bestanden hatte, ins Kloster zu gehen. Sie wird wie eine Heilige verehrt. Johannas Prunksarkophag dominiert die Kirche, die selbst wieder ein – der Francisco-Kirche in Porto gleichrangiges – Beispiel für die barocke Talha Dourada darstellt. Im Kloster ist das Sterbezimmer der Johanna noch erhalten. In einem Teil der Räume befindet sich das *Museu Regional de Aveiro* mit Sammlungen portugiesischer Barockkunst.

Azoren. Die rund 1500 Kilometer von Lissabon im Atlantik liegende Inselgruppe der Azoren bildet eine Autonome Region Portugals. Die neun Inseln (von Ost nach West: *São Miguel, Santa Maria, Terceira, Graciosa, São Jorge, Pico, Faial, Flores, Corvo)* zeichnen sich durch ihren besonderen landschaftlichen Reiz aus und sind vor allem bei Naturfreunden, Bergsteigern und Seglern beliebte Reiseziele.

der Kathedrale kommt man zur *Igreja da Misericórdia* mit barockem Schnitzaltar von 1716, und ein paar Schritte weiter trifft man auf einen weiteren städtebaulichen Höhepunkt: den Platz *Largo das Portas de Moura,* der vor allem manuelinisch geprägt ist, einschließlich des Renaissance-Brunnens, in dessen Mitte sich die Sphärenkugel erhebt. Nicht versäumen sollte man auch einen Besuch der *Igreja Real de São Francisco* mit der bekannten Casa dos Ossos («Knochenkapelle»), die mit den Knochen von Tausenden von Mönchen ausgekleidet ist. Gegenüber der Kirche findet übrigens der Markt statt, auf dem man das typische rote Tongeschirr erstehen kann.

Faro ⑫. Das schon in antiken Schriften erwähnte Ossonoba ist heute größte Stadt und Verwaltungssitz des Algarve-Distrikts. Am Rand des malerischen kleinen Hafens beginnt der Spaziergang durch das geschäftige Zentrum, das, Opfer des Erdbebens von 1755, nur wenige historische Bauten aufweist, sich als Fußgängerzone aber hervorragend zum Flanieren eignet. Eindrucksvollstes Bauwerk ist die an einem weiten, ruhigen Platz gelegene Kathedrale, *Sé,* von der nach dem Erdbeben nur noch der Turm stand; das übrige Gebäude entstand ab 1760 in vielen verschiedenen Stilen, darunter der sonst in der Algarve seltene üppige Barock. Das Beben überstanden hat auch das 1543 vollendete *Klarissinnenkloster* mit seinem doppelstöckigen Kreuzgang; es enthält heute das nach dem Prinzen Heinrich benannte Archäologische Museum. Interessant ist auch das *Museu Marítimo Ramalho Ortigão* in der Hafenbehörde (Capitania do Porto), das Modelle aller berühmten Entdeckungsschiffe vorführt und die Fischerei in der Algarve dokumentiert. Im Norden der Stadt laden die barocke *Karmeliterkirche* und die aus dem 16. Jahrhun-

Links oben: Évora bewahrt Kunstschätze aus allen Epochen, darunter den römischen Diana-Tempel.

Links unten und Mitte: Faro, die Hauptstadt der Algarve, besitzt eine reizvolle Altstadt.

Rechts oben: Die Renaissancekirche Santo Antão an der Praça do Giraldo in Évora birgt einen prächtigen Barockaltar.

Rechts unten: Bürgerhäuser in Guarda, der höchstgelegenen und kältesten Stadt Portugals.

dert stammende Kirche *São Pedro* zu einem Besuch, welche ebenso wie die östlich der Kathedrale gelegene *Franziskanerkirche* mit Azulejos geschmückt ist.

Guarda ⑬. Wenn man, sei es mit dem Auto, sei es mit der Eisenbahn, auf kürzestem Weg nach Portugal reist, wird man immer die Grenze an der Serra da Estrela, dem «Sternengebirge», überschreiten und in einer Höhe von 1040 Metern als erste portugiesische Stadt Guarda erreichen. Es lohnt sich durchaus, hier anzuhalten, schon um diese karge Landschaft kennenzulernen: Krüppelwälder, gewaltige Steinhalden, ein Rückzugsgebiet für die iberische Fauna, winters lange verschneit, sommers einige spärliche Felder für Getreide und Mais, der – wie in Galicien – in auf Füßen stehenden und mit Kreuzen geschmückten Steinspeichern gelagert wird. Guarda («Wacht») war, wie schon der Name sagt, eine wehrhafte Stadt, was man, trotz späterer Veränderungen, heute an der vom 14. bis zum 16. Jahrhundert entstandenen Kathedrale, *Sé*, und den Resten der *Befestigungsanlagen* sehen kann.

Guimarães ⑭ ist eine alte Fürsten- und Königsstadt. Hier sollte man seine Portugalreise beginnen: an der im Norden der Stadt gelegenen *Burg* des Burgunderfürsten Heinrich, die dieser im 11. Jahrhundert aus mächtigen Quadern hier auftürmen ließ. Mit ihren einfachen wehrhaften Mauern und dem sich in der Mitte erhebenden Bergfried ist sie das eindrucksvollste der vielen romanischen Zeugnisse im nördlichen Portugal – deutlich verschieden von den vielen oft maurischen Burgen, die man im ganzen Land findet. Etwas unterhalb steht die kleine Kapelle *São Miguel*, in der Afonso Henriques, der erste portugiesische König, 1111 getauft wurde. Wiederum etwas unterhalb, am Fuß des

Bei Lagos wechseln sich an der Algarveküste schon Sand- und Felsstrände ab, so daß es auch in der Hochsaison noch reizvolle kleine Badebuchten zu entdecken gibt.

Berges, befindet sich ein weiterer Blickfang, über den man geteilter Meinung sein darf: der *Paço Ducal* der Herzöge von Bragança, die nicht ohne Grund schon ab 1420 hier, in unmittelbarer Nachbarschaft des Staatsgründers, einen gewaltigen Palast nach Art der Loire-Schlösser errichten ließen. Auf dem Weg in die Innenstadt passiert man das Kloster *Nossa Senhora da Oliveira* mit dem Olivenbäumchen im Klostergarten, das Zeuge der Bekehrung des Westgotenführers Wamba im 7. Jahrhundert gewesen sein soll. Das Kloster ist heute Teil des *Museu Alberto Sampaio,* das neben dem Kirchenschatz vor allem Reminiszenzen an die Schlacht von Batalha enthält: darunter ein sehr schönes Triptychon und ein kunstvoll gefertigter Mantel, den João I. im Kampf getragen haben soll.

Lagos ⑮. Das seit römischer Zeit von einer Mauer umgebene Lacobriga erlebte seine Blütezeit, als Heinrich der Seefahrer hier seine Schiffe bauen ließ und Matrosen für die Expeditionen anwarb *(siehe Seite 40).* Aus dieser Zeit stammt der Gouverneurspalast am Hafen mit dem Fenster, aus dem König Sebastião *(siehe Seite 54)* vor der Einschiffung nach Marokko gesprochen haben soll. Unter den Arkaden des ebenfalls auf der *Praça da República* gelegenen ehemaligen Zollamts wurde seit 1443 der *Sklavenmarkt* abgehalten. Die Namensgleichheit war wohl auch der Grund, weswegen bis zum Ende des 16. Jahrhunderts die auf einer Anhöhe gelegene Sebastianskapelle zu einer Kirche *(São Sebastião)* mit Knochenkapelle ausgebaut wurde. Nicht versäumen sollte man aber auch die Kirche *Santo António:* Die im Gegensatz zur Außenansicht reiche Innenausstattung ist ein hervorragendes Zeugnis für den Goldrausch, zu dem der aus Brasilien hereinströmende Reichtum im 18. Jahrhundert geführt hatte. Das kleine *Regionalmuseum* zeigt sowohl römische Fundstücke wie auch Gerätschaften und Kunsthandwerk der Gegend.

Eine von der Natur gemeißelte vielfotografierte Sehenswürdigkeit ist die *Ponta da Piedade,* ein Stück Felsenküste zwei Kilometer außerhalb, an dem das Meer rötlich-gelbe bizarre Formationen entstehen ließ.

Wie ausgestorben liegt um die heiße Mittagszeit die Altstadt von Lagos – dann sollte man in die angenehme Kühle der sehenswerten Kirchen eintauchen: die Misericórdia, São Sebastião und vor allem Santo António.

Lamego ⑯, die Hauptstadt der Douro-Region, ist heute wegen der Wallfahrt bekannt, die jährlich am 8. September Zehntausende von Menschen zu der etwas außerhalb gelegenen Barockkirche *Nossa Senhora dos Remédios* zieht. In der Stadt selbst wartet eine romanische Kirche aus dem 12. Jahrhundert: die Kathedrale, *Sé,* die in späteren Jahrhunderten immer wieder Umgestaltungen erfahren hat und sich daher in einer Vielfalt von Stilen präsentiert.

Leiria ⑰ wurde in der ersten Phase der Reconquista zu einem neuen Zentrum des eroberten Landes. König Dinis wählte es zeitweilig als Residenz und ließ das maurische Kastell 1135 wieder aufbauen. Damals entstand der *Königspalast* mit einer durch Säulen abgeschlossenen Loggia mit angenehmen Sitzplätzen und einem weiten Blick auf das Land. Auch der heute noch größte Pinienwald Portugals vor der Stadt wurde, zum Schutz gegen Flugsand, auf Veranlassung von König Dinis gepflanzt.

Fortsetzung Seite 145

Ziel vieler Sonnenhungriger: Der Strand von Albufeira, einem der bekanntesten Touristenzentren an der Algarve, ist oft überfüllt. Zahlreiche Hotelneubauten ziehen sich terrassenförmig die Hügel hinter dem Strand hinauf.

Nächste Doppelseite: Eine Familie auf dem Weg zum Strand bei Carrapateira, der von sanften, mit Macchia bewachsenen Hügeln umgeben ist.

Esel sind auf den vielen schmalen Pfaden im Landesinneren auch heute noch ideale Transport- und Fortbewegungsmittel.

Mit Kennerblick prüft diese Portugiesin auf dem Markt in Estói, etwa zehn Kilometer nördlich von Faro, die Qualität des angebotenen Getreides.

In diesem Brunnen in Alte, einem «Vorzeigedorf» der Algarve nördlich von Loulé, fließt geheiligtes Wasser. Viele Menschen trinken davon und hoffen, ihre Gesundheit und Geschicke positiv zu beeinflussen. Aber auch wer nicht an diese Wirkung des Wassers glaubt, kann seine Frische genießen und sich an dem schönen Azulejogemälde des Brunnens erfreuen.

Nächste Doppelseite: Die weiten Rundbögen der Brücke über den Rio Séqua, an dessen Mündung ins Meer Tavira liegt, sollen noch aus römischer Zeit stammen. Der Ort war einst der wichtigste Hafen der Mauren an der Algarve und so gut befestigt, daß er erst 1242 von den Christen zurückerobert werden konnte.

Eine der über 20 Kirchen in Tavira. Einen Überblick über die Stadt kann man sich von den Ruinen der ehemaligen Maurenburg, dem Castro dos Mouros, verschaffen – bevor man sie bei einem Rundgang durch die noch sehr maurisch wirkende Altstadt genauer erkundet.

Die Parkanlagen des Schlosses der Grafen von Estói im gleichnamigen Ort erinnern mit ihren Statuen, Wasserbecken und römischen Mosaiken an barocke italienische Gärten.

Ein Portal am Schloß in Estói, ebenso reich verziert wie der gesamte Provinzpalast. Das Schloß wurde im 18. Jahrhundert vom Visconde de Carvalhal, später kurz Graf von Estói genannt, erbaut und zeigt eine Stilmischung aus Barock, Rokoko und klassizistischen Einflüssen.

Nächste Doppelseite: Abstrakte Ornamente und buntes Farbenspiel machen die Fassade dieses Wohnhauses in Machados in der Algarve interessant.

JMC
1929

Sonne, Strand und Meer – die Algarveküste, hier bei Lagos, hat alles, was die Herzen der Touristen aus dem unterkühlten Norden höher schlagen läßt.

Verschwiegene Sandbuchten zwischen ausgefallen geformten Felsen – das gibt es an der «Felsen-Algarve» häufig, etwa bei Portimão (oben) und Lagos (unten).

Nächste Doppelseite: Die Kathedrale von Faro, der Hauptstadt der Algarve. Von der ehemals gotischen Kirche ließ das verheerende Erdbeben im Jahr 1755 nur den mächtigen Eingangsturm stehen. Der sich daran anschließende dreischiffige Kirchenbau im Renaissancestil entstand erst nach der Katastrophe.

Auch am oft überlaufenen Strand von Albufeira lassen sich noch malerische Szenen entdecken – wie diese rastenden Fischer hinter ihrem Boot.

Schnurgerade verlaufen die Straßen in Nord-Süd- und in Ost-West-Richtung im vom Marquês de Pombal errichteten Lissabonner Stadtteil Baixa. Auf dem Hügel im Osten liegt hoch über der Stadt das Castelo de São Jorge in der Abendsonne.

Lissabon ⑱. Nahe der Mündung des Tejo auf sehr hügeligem Vorland gelegen, bietet Lissabon eine einmalige, verkehrstechnisch nicht einfach zu bewältigende Lage: Eben sind nur der Uferstreifen und ein weit in die Stadt hineinragendes Gelände, auf dem heute der pombalinische Teil Lissabons steht. Hier befand sich in Urzeiten ein weiterer, heute natürlich trockener Seitenarm der breiten Tejo-Bucht, der das Terrain von der Baixa über die großen Plätze (Rossio, Restauradores) zur Avenida da Liberdade und den anderen großen Boulevards leicht ansteigen ließ. Flankiert werden sie von Steilufern: Im Osten liegt die alte, von Salazar rekonstruierte Mauren- und Ritterburg *Castelo de São Jorge* sowie die volkstümlichen Viertel *Alfama* und *Mouraria,* im Westen erhebt sich das traditionsreiche Vergnügungsviertel *Bairro Alto.* Dieses grobe Raster ist wohl das einzige, was man von Lissabons komplizierter Topographie verstehen und besuchen wird.

Die Stadt ist noch immer reich an Kunstschätzen, doch durch das Erdbeben von 1755, das die Struktur der Stadt grundlegend veränderte, überwiegt der Barock des Hauses Bragança. Aus früheren Zeiten erhalten sind die Teile der östlichen Altstadt mit der Kathedrale sowie der zum Meer führende Uferstreifen – die Seefahrer-Vorstadt Belém mit dem bekannten Turm.

Man wird sein Besichtigungsprogramm wahrscheinlich aber in der pombalinischen Unterstadt, an der *Praça do Comércio,* dem noch heute beherrschenden früheren Palast-Platz beginnen und langsam die geraden Straßen hinaufgehen – am besten in der Fußgängerzone *Rua Augusta,* die mit dem monumentalen barocken Torbogen beginnt: Hier herrscht in den feinen Läden und Restaurants tagsüber große Geschäftigkeit. Am Ende der Unterstadt erscheint – mächtig, gedrungen, niedrig, aber an ihren viereckigen zinnengekrönten Türmen wohl erkennbar, die Kathedrale, *Sé Patriarcal,* erbaut kurz nach der Eroberung der Stadt 1147. Der Charakter einer romanischen Wehrkirche blieb erstaunlicherweise weitgehend erhalten, obgleich verschiedene Erdbeben Erneuerungsarbeiten notwendig machten; der Kreuzgang stammt aus dem 14. Jahrhundert. Der von der Sé ausgehende Aufstieg zum *Castelo de São Jorge* verhilft vor allem zu einem Rundblick über die ganze Stadt und zu einer Mußestunde in dem zu einem Park ausgebauten Gelände zwischen den Resten der Burg. Von hier aus bietet sich ein Rundgang durch die verschachtelte *Alfama* an (am besten nimmt man immer die größeren Gassen, die nach unten zur Küstenstraße führen). Oder man schlendert zur östlich der Burg gelegenen Kirche *São Vicente de Fora* im Stil der italienischen Spätrenaissance und nimmt von hier die berühmte *Uralt-Straßenbahn Nr. 28,* die durch engste Gassen hinunterklettert und nach Durchquerung der Baixa, der Unterstadt, auf der anderen Seite wieder hinauf zur barock-monumentalen *Estrela-Basilika* fährt.

Der andere Ausflug ins alte Lissabon führt – am Tejo entlang nach Westen – in den Vorort *Belém* mit der mächtigen *Torre de Belém,* dem 1515 bis 1520 errichteten Wehr- und Leuchtturm, die man schon des herrlichen Rundblicks wegen besteigen sollte. Die meiste Zeit wird man in

Schmal und verwinkelt, mit verblichenem Charme, blätterndem Putz und vielen romantischen Ecken, präsentiert sich die Alfama – das Lissabonner Viertel, das vom großen Erdbeben 1755 weitgehend verschont blieb.

Belém jedoch dem *Jerónimos-Kloster* widmen, das in unübersehbarer Pracht dem Turm (und dem in faschistischer Zeit entstandenen *Padrão dos Descobrimentos)* gegenüberliegt. Schon das Tor – es erinnert in Aufbau und Ornamentik an das Kapitelsaalfenster von Tomar – begeistert, ebenso das Chorfenster, das etwas durch den angrenzenden Klosterbau verdeckt ist. Die Kirche *Santa Maria* hat eine gotische Baustruktur, doch die feinen Säulen sind mit manuelinisch-filigranen Mustern bedeckt. Der *Kreuzgang,* neben dem von Batalha wohl der schönste Portugals, wiederholt diese Struktur der feinen Fülle von Dekor: Keine der Säulen gleicht einer anderen, obgleich die Elemente Christuskreuz und Sphärenkugel immer wieder auftauchen; die Steinmetzarbeit erscheint in der Gesamtschau wie ein feines Gewebe, das den Stein umspannt – besonders bei Gegenlicht ein unvergeßlicher Eindruck.

Rund um das Kloster häufen sich die Sehenswürdigkeiten, so daß man hier ohne weiteres einen ganzen Tag verbringen kann: Gegenüber der *Praça Albuquerque,* neben dem *Paço de Belém,* dem Wohnsitz des portugiesischen Staatspräsidenten, finden wir das *Museu Nacional dos Coches* (Kutschenmuseum) mit einer imponierenden Sammlung prunkvoller Staatskarossen. Ein Gegenstück dazu ist das an das Kloster anschließende *Museu de Marinha* (Marinemuseum), das Nachbildungen aller portugiesischen Schiffe zeigt – und vieles mehr, was mit dem unerschöpflichen Kapitel Seefahrt in Portugal zu tun hat.

Neben diesem alten Lissabon überwiegt das pombalinische, also der Teil der Stadt, der bereits unter dem Marquês de Pombal im 18. Jahrhundert geplant und bis zur Wende ins 20. Jahrhundert gebaut worden war: die großen Avenidas und die eng gedrängten, einstmals großbürger-

SPAZIERGÄNGE DURCH LISSABON

Romantische Gassen und der Klang des Fado

Wohl kein Besucher Portugals kann sich dem Zauber der Stadt entziehen: Kunstkenner zieht es in die Museen und nach Belém, Feinschmecker in die Restaurants der Altstadt und ins historische Portwein-Institut, und Romantiker schlendern ziellos durch die verwinkelten Straßen – auf der Suche nach den melancholischen Weisen des Fado.

«Lisboa Antiga, Altes Lissabon ... ich werde nicht mehr dorthin zurückkehren» – so lautet ein Grundthema, das der Fado, dieser berühmte schwermütige Gesang, in ungezählten Variationen wiederholt: Einzelne Stadtviertel wie die Mouraria oder ganze Städte wie Coimbra werden als Hort der Tradition besungen, als Ort ersten Liebesglücks und -leids.

Die nostalgische Distanz kommt nicht von ungefähr: Die Mouraria etwa, als ehemaliges Maurenviertel eines der ältesten von Lissabon, wurde schon 1908 zum großen Teil abgerissen und bis zur Unkenntlichkeit modernisiert. Für andere dieser Experimente reichte das Geld nicht – zum Glück, aber auch zum Unglück der Bewohner zum Beispiel der Alfama, die zu den Ärmsten der Stadt gehören und die für die vermeintliche Idylle der engen Gassen kaum Begeisterung aufbringen.

Zu Lissabon gehört der Fado – in einem Lokal oder an der Straßenecke.

Wer Alt-Lissabon kennenlernen möchte, sollte an einem geschäftigen Vormittag mit dem Bus der Linie 36 zum Castelo de São Jorge hinauffahren und langsam und gemütlich durch die Alfama bis zum Hafen hinabsteigen – vorbei an Schubkarren, offenen Gemüsegeschäften, schreienden Kindern und schimpfenden Müttern. Ebenso eindrucksvoll ist eine Fahrt mit der Straßenbahnlinie 28, die von der Kirche São Vicente de Fora auf dem Berg östlich der Burg durch die Unterstadt bis zur Basílica da Estrela führt; die rund 50 Jahre alten Wagen schaukeln hierbei durch Gäßchen, die kaum breiter sind als die Bahn, um dann wieder Fahrt für den nächsten steilen Anstieg zu gewinnen.

Typische Altstadtgasse in der Alfama.

Das Vergnügungsviertel der Lissabonner findet sich heute auf der anderen Seite der Unterstadt, im Bairro Alto. Die Bauten zeigen noch, daß es einst ein hochherrschaftliches Viertel war; heute wird es von Theatern und unzähligen Restaurants belebt. Stilvoll erreicht man das Viertel mit der uralten Drahtseilbahn, die vom Largo dos Restauradores die Calçada da Glória hinauffährt. Direkt gegenüber der Endstation kann man in dem historischen Portwein-Institut seinen Aperitif zu sich nehmen und findet in den Straßen linker Hand eine reiche Auswahl aller erdenklichen Restaurants. Bei Einheimischen und Touristen beliebt sind zum Beispiel die mit Azulejos geschmückten Bierhallen der Cervejaria Trindade in der Rua Nova da Trindade. Etwas unterhalb kommt man in den berühmten Chiado, das Viertel, das 1988 brannte; Geldmangel, aber auch viele archäologisch interessante Funde verzögern den Aufbau immer wieder.

Auch die Unterstadt hat eine bekannte Restaurant-Straße: die parallel zur Avenida da Liberdade verlaufende Rua das Portas de S. Antão mit ihren berühmten Fischrestaurants; in die abgelegeneren Ecken drücken sich die kleinen Kneipen, die Ginjinha ausschenken – einen traditionellen, sehr beliebten Kirschlikör.

Und wo bekommt man nun den vielzitierten portugiesischen Fado zu hören? Es gibt viele kleine und größere Fado-Lokale, in vielen werden hauptsächlich Touristengruppen «abgefertigt». Doch wenn man allein oder zu zweit durch die Stadt schlendert, so kann man in einigen Cafés oder sogar an Straßenecken noch echten Fado erleben: Eine kleine Menschenmenge erstarrt in andächtigem Schweigen, wenn die Violen und Gitarren erklingen. Und dann, beim bekannten Refrain, schauen sich die Menschen in die Augen und beginnen, ihn mitzusummen – ein spontanes Glückserlebnis, das man auch als Fremder nicht so schnell vergißt.

Beim Bummel durch die Altstadt laden ein paar Tische in der Sonne zur Kaffeepause.

Impressionen aus der Hauptstadt: Links oben: Die massige Torre de Belém, der Leucht- und Wehrturm im manuelinischen Stil, wurde zwischen 1515 und 1521 errichtet. Das Gebäude, das lange Zeit als Staatsgefängnis diente, beherbergt u. a. den sogenannten Königssaal und das Gouverneurszimmer. – Links unten: Vor allem die Bewohner der Hauptstadt haben ihre Wurzeln in aller Herren Länder und bereichern mit ihrer eigenen Kultur diejenige Portugals. – Rechts: Bis weit in die Nacht sitzt man in den Lissabonner Cafés, wie hier im bekannten Jugendstilcafé Nicola am Rossio, im Freien bei einem Glas Portwein oder einem Vinho Verde.

Oben Mitte: Einer der schönsten Aussichtspunkte in Lissabon ist die Terrasse des Castelo de São Jorge, und eine der schönsten Tageszeiten hier ist der Sonnenuntergang – links die Praça do Comércio und die pombalinischen Straßenzüge, über den Rio Tejo führt die Brücke des 25. April nach Cacilhas. – Links: Eine Fahrt mit der legendären Linie 28 darf bei einem Lissabon-Besuch nicht fehlen. – Rechts oben und unten: Im ältesten Lissabonner Viertel, der Alfama, flattert die Wäsche in den Gassen, die Kinder spielen, und Nachbarn treffen sich zum Plausch auf der Straße; doch die Idylle trügt: die Bewohner gehören zu den Ärmsten der Stadt.

lichen Häuser des stimmungsvollen *Bairro Alto,* der Oberstadt. Wochenends gehen die Lissabonner hier aus: Es gibt Nachtclubs, feine Restaurants, Theater. Fast alles, was sich hier und in dem nach Osten angrenzenden Viertel findet, wurde zur Bragança-Zeit gebaut und schwankt zwischen verschwenderischem Barock (wie etwa die *Igreja de São Roque)* oder aufklärerischer Klarheit (wie die *Basílica da Estrêla*); eine auffallende Ausnahme ist die direkt im Einkaufsviertel Chiado gelegene Ruine der von 1389 bis 1423 errichteten gotischen Kirche *Nossa Senhora do Carmo.* Auch sie fiel dem Erdbeben zum Opfer und beherbergt heute

Eines der prachtvollsten Beispiele manuelinischer Architektur steht in Belém: Im berühmten Kreuzgang des Mosteiro dos Jerónimos umschließen zweistöckige, üppig ornamentierte Arkaden einen quadratischen Innenhof.

das *Museu Arqueológico.* Schließlich, in unmittelbarer Nachbarschaft dazu, stehen Zeugen einer um die Jahrhundertwende beliebten Zweckarchitektur: der elegante *Aufzug von Santa Justa,* der die Baixa mit dem Bairro Alto verbindet und bis heute funktioniert, ebenso wie die «Elevadores» in Form von Seilbahnen, die rechts und links von der *Praça dos Restauradores* die Verbindung mit der Oberstadt aufrechterhalten.

Noch vieles mehr hat Lissabon zu bieten, darunter bedeutende Museen, von denen man zwei auf keinen Fall versäumen sollte: das in Richtung Belém auf einer Anhöhe liegende *Museu Nacional de Arte Antiga,* das als bedeutendstes Kunstmuseum des Landes reich an zum Teil einmaligen Stücken aus der portugiesischen Kunstgeschichte ist, und das *Museu Calouste Gulbenkian:* ein schon als Bau sehenswertes Museum, eröffnet 1969, das der armenische Erdöl-Magnat Gulbenkian der Stadt vermacht hat. In dem Museum, das – wie ein großer Teil des Kulturhaushaltes der Stadt – von der Gulbenkian-Stiftung finanziert wird, ist die herausragende Kunstsammlung des Mäzens von der Antike bis zur Moderne präsentiert.

Loulé ⑲. Die im Hinterland von Faro gelegene Kleinstadt ist Mittelpunkt einer intensiv landwirtschaftlich genutzten Region im Barrocal. Ihre Pfarrkirche *(Matriz)* aus dem 13. Jahrhundert ist eine der ältesten der Algarve. Loulé ist ein günstiger Ausgangsort, wenn man das Innere der Algarve kennenlernen möchte; man wird dann auch auf die berühmte Kirche *São Lourenço de Matos* von 1730 im zwei Kilometer entfernten Almancil stoßen, die innen vollständig mit blau-weißen Azulejos ausgekleidet ist.

Madeira *siehe Seite 151.*

Nazaré ⑳ war bis vor kurzem ein Fischerdorf, bis es die Touristen als Idylle entdeckten. Der Ort vergrößerte sich, Hotels, Pensionen und ein Hafen wurden gebaut. Doch das tägliche Brot der Nazarener sind vor allem die Tagesgäste, die sich mittags den Fisch servieren lassen: Nahezu jedes Haus am Meer ist ein Restaurant oder Café.

Nazaré ist reich geworden. Geblieben sind erstaunlicherweise die Trachten vor allem der Frauen, die in jedem Alter einen karierten Minirock tragen. Etwas ärmer sind die Cousins der Nazarener geblieben, die oberhalb der angrenzenden Steilküste in *Sítio* leben. Eine uralte Seilbahn bringt in wenigen Minuten die Menschen aus Sítio hinunter und die Nazarener hinauf – und auch die Touristen, die in Sítio etwas von dem großen Reichtum lassen, wenn sie dort die Kirche *Nossa Senhora de Nazaré* mit der kleinen *Capela da Memória* und die wirklich beeindruckende Aussicht auf Meer, Küste und das unterhalb liegende romantische Städtchen genießen.

Olhão ㉑. Der eng zusammengebaute *Stadtkern* des Städtchens wird immer wieder als Beispiel dafür zitiert, wie sich Plan und Baustil der maurischen Medina (Altstadt) im portugiesischen Süden erhalten haben. Einen Besuch lohnen außerdem die *Markthallen* und der malerische Anblick des davorliegenden *Hafens* mit den netzflickenden Fischern und dem in der Sonne trocknenden Fisch vor der von Lagunen und Rias geprägten Küstenlandschaft.

Portimão ㉒ ist neben Lagos der größte Ort der Felsen-Algarve. Der sichere Hafen in der Mündung des Arade wurde schon von Phöniziern und Karthagern genützt, doch die Zeugnisse der Geschichte sind auch hier beim Erdbeben von 1755 zerstört worden. So ist Portimão, sieht man von der *Igreja Matriz* mit ihrem schönen Portal ab, eine reine Einkaufsstadt mit einem schön gepflasterten Fußgängerzentrum, die hauptsächlich wegen der nahen Strände von touristischer Bedeutung ist.

Mit der wegen ihrer Pflanzen- und Blumenpracht berühmten Insel verbindet man außerdem den bekannten Madeira-Wein, der in dem milden Klima gedeiht. Strandleben gibt es am Sandstrand der vorgelagerten Insel Porto Santo.

MADEIRA – KORNKAMMER, ARMENHAUS UND TROPISCHES PARADIES

Bekannt war die Insel schon vor ihrer offiziellen portugiesischen Entdeckung 1418: ein ungefüger Felsklotz, von großen Höhen steil ins Meer abstürzend, unbewohnt und bedeckt mit undurchdringlichen Wäldern – kein angenehmer Ort für den dauerhaften Aufenthalt von Menschen. Doch die neuen Seerouten nach Afrika und Amerika brachten neue Interessen ins Spiel: Madeira wurde eine Versorgungsstation, wo die Schiffe Getreide, Wasser und einen kleinen Obstvorrat bunkern konnten. Im 16. Jahrhundert wurde vor allem Zucker produziert, später dann Wein und vor allem kandierte und eingemachte tropische Früchte als Leckerbissen für den königlichen Hof.

Trotz des Überflusses war Madeira eine arme Insel. Der vulkanische Boden ließ zwar alle erdenklichen Gewächse gedeihen, doch kostete die Bodenbearbeitung unglaubliche Mühe: Die steilen Hänge mußten terrassiert, die Felder mit Steinmauern gegen Erosion geschützt und Wege angelegt werden. Bezeichnend für die Landschaft ist das über Tausende von Kilometern reichende System an «Levadas», Kanälen, mit denen Wasser von den Hochflächen an die Südhänge geleitet wurde. Wege und Treppchen machen den Unterhalt möglich, werden inzwischen auch mehr und mehr von Touristen für Wanderungen genutzt entlang der Steilküsten und Schluchten und durch die üppige Pflanzenwelt der Insel.

Terrassierte Hänge im Landesinneren.

Kinderreichtum bedeutete früher Reichtum an Arbeitskräften und war ein Mittel zum Überleben; doch er erzwang auch die fortwährende Teilung des Landes. Man sieht es auf ersten Blick: Das Tropenparadies ist übervölkert; anders als auf den Azoren mit ihrer extensiven Weidewirtschaft müssen auf Madeira Kühe in kleinen Hütten gehalten werden und mit geschnittenem Gras gefüttert werden.

Madeira war über Jahrhunderte eine Insel der Auswanderer. Vielen kleinen Fortschritten vor allem im 19. Jahrhundert ist es zu verdanken, daß die früher periodisch wiederkehrenden Hungerkrisen auf der Insel verschwunden sind: der Umverteilung des Landes, dem kommerziellen Erfolg der Madeira-Weine, der aus England eingeführten Weißstickerei und schließlich dem Tourismus.

Die wirklich großen Veränderungen brachten dann die Nelkenrevolution, in deren Gefolge Madeira, ebenso wie die Azoren, zur Autonomen Region mit eigenem Inselparlament wurde und 1986 der Beitritt Portugals zur Europäischen Gemeinschaft. Nun fließen Gelder für große Bauvorhaben, wie die neue Autobahn entlang der Südküste, die mit unglaublichem Aufwand über die Schluchten und durch die Berge geführt wird und die bisherige Strecke auf ein Viertel verkürzen wird. Noch bedeutender werden die Folgen für die Landwirtschaft sein: Madeira ist einer der großen Bananenproduzenten der Gemeinschaft, und es scheint, als ob die gelbe Frucht die paradiesische Vielfalt der Inselfrüchte verdrängen wird. Die Markthalle der Hauptstadt Funchal vermittelt eine Vorstellung, von der reichen Kulturlandschaft Madeiras: Orchideen, Erdbeeren, Ananas, aber auch Süßkartoffeln, Yams, oder die exotische Annonenfrucht werden hier angeboten.

Câmara de Lobos an der Südküste vor dem Cabo Girão, mit 580 Metern eines der höchsten Kliffe der Welt.

Porto ㉓. Portugals zweitgrößte Stadt fällt zunächst durch ihre geographische Lage auf, die von dem tiefen canyonartigen Einschnitt der Douro-Mündung bestimmt ist: Beide Teile der Stadt – denn man muß das gegenüberliegende *Vila Nova de Gaia* in gewissem Maß mit Porto zusammen betrachten – haben daher eine Struktur, die durch zwei «Etagen» charakterisiert wird: unten am Ufer die eine, die andere auf der Anhöhe. Die von Gustave Eiffel erbaute *Brücke Dom Luís I.* nutzt diese Lage und bietet Fahrbahnen für beide Etagen.

Porto zu erleben bedeutet auch für Fußgänger, eine der endlos scheinenden Straßen den Hügel hinaufzuklettern. Solche Touren gestalten sich sehr abwechslungsreich, denn jedes Haus ist anders gebaut, gekachelt oder getüncht. Wer schlecht zu Fuß ist und die wichtigsten Kunstdenkmäler sucht, kann allerdings am Douro-Ufer bleiben: Schon wenige Treppen über dem Cais de Ribeira, der Uferstraße, steht die wuchtige *Sé,* die Kathedrale aus dem 12. Jahrhundert, wie alle Sés der frühen kriegerischen Zeit schmucklos und wehrhaft gebaut und später in Gotik und Barock verändert. Unterhalb des Kathedralplatzes mit seinem

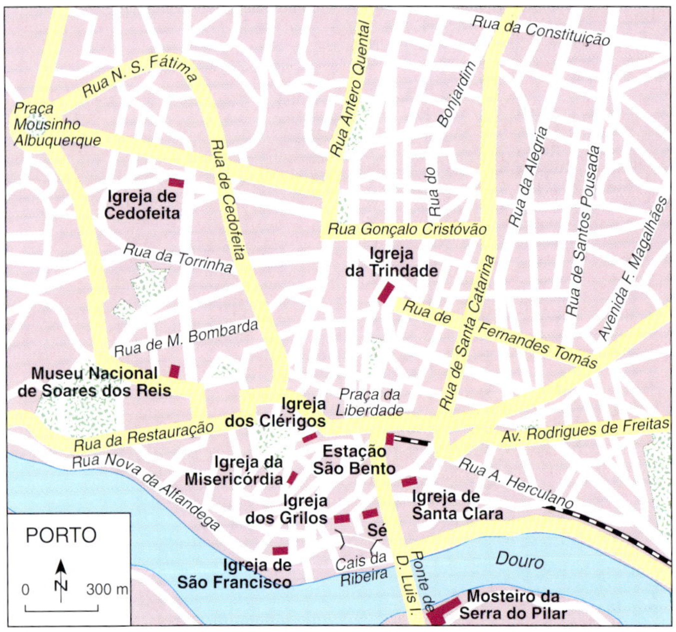

Oben: Dicht gedrängt ziehen sich die Häuser der Altstadt von Porto vom Ufer des Rio Douro den Hügel hinauf bis zur Kathedrale.

Pelourinho (Pranger) aus dem 19. Jahrhundert stößt man auf die Jesuitenkirche *Igreja dos Grilos* von 1614. Folgt man von hier der Hauptstraße Rua Infante D. Henrique, so gelangt man zu der Börse und zur Kirche *São Francisco* mit ihrer verschwenderischen Talha Dourada: Fast der gesamte Innenraum, bis hin zur Decke, ist erfüllt von dem Glitzern und Glänzen des vergoldeten Holzschnitzwerks. Daneben wirken die zahlreichen anderen Kirchen Portos schlicht, einen Besuch lohnen sie dennoch: etwa die *Igreja da Misericórdia* des Italieners Nasoni oder die *Santa-Clara-Kirche,* auch sie mit Talha Dourada ausgestattet. Unübersehbar ist allerdings der Turm der Kirche *São Pedro dos Clérigos* – als einzeln stehender Rokoko-Turm ein Unikum. Er sollte auch als Orientierungszeichen für die Schiffahrt dienen. So ist dieser mit 75 Metern höchste Glockenturm Portugals auch Wahrzeichen der Stadt geworden – und einer der besten Aussichtspunkte für den Besucher.

Queluz ㉔ bildet ein lohnendes Ausflugsziel im Nordwesten von Lissabon. Der *Palácio Nacional de Queluz,* Mitte des 18. Jahrhunderts als Sommerresidenz des Königs erbaut, zählt zu den prächtigsten Rokokoschlössern Portugals. Zu besichtigen sind in der dreiflügeligen Anlage unter anderem Thronsaal, Musiksaal, Speisesaal, Garderobe der Königin und Zimmer des Königs – alle mit wertvollen Ausstattungsgegenständen eingerichtet. In der ehemaligen Schloßküche befindet sich heute ein Restaurant.

Sagres ㉕ *siehe Seite 119.*

Santarém ㉖ *siehe Seite 102.*

São Brás de Alportel ㉗ ist das wirtschaftliche Zentrum einer vielfältigen Kulturlandschaft, in der sich Gruppen von Mandelbäumen, Korkeichen und Johannisbrotbäu-

men mit Feldern und Hecken abwechseln. In der Stadt selbst lohnt es sich, zur *Pousada de São Brás* hinaufzusteigen und von der Anhöhe den herrlichen Blick auf Stadt und Umgebung zu genießen. In der Nähe des Ortes finden sich bedeutende Sehenswürdigkeiten, die einen Abstecher lohnen: *Milreu* ist die größte römische Fundstätte in der Algarve mit freigelegten Wohnhäusern und Thermen und der Ruine einer frühchristlichen Basilika. Am Ortsrand des nahegelegenen *Estói* mit seiner hübschen Kirche findet man ein Schlößchen aus dem Ende des 18. Jahrhunderts, mit einem romantisch verwilderten Lustgarten.

Silves ㉘. Die ehemalige Hauptstadt der maurischen Algarve ist heute ein kleines Landstädtchen im Barrocal. An seine große Vergangenheit erinnert noch die gewaltige Doppelmauer des *Castelo dos Mouros,* auf der heute ein Spazierweg entlangführt. Unter dem Kastell wurden die alten Zisternen freigelegt, außerdem Spuren früherer *Wehrbauten* aus römischer Zeit. Die romanisch-gotische Kathedrale, *Sé,* aus dem 13. bis 15. Jahrhundert ist eine der ältesten und architektonisch bedeutendsten der Algarve. Nördlich außerhalb der Stadt an der Straßenkreuzung nach São Bartolomeu de Messines entdeckt man ein aus Kalkstein gemeißeltes Wegekreuz, das drei Meter hohe *Cruz de Portugal* aus dem 15. Jahrhundert.

Sintra ㉙. Nicht weit von Lissabon befindet sich dieses kleine Städtchen in wunderschöner landschaftlicher Umgebung, das zahlreiche Kunstschätze aus vielen Jahrhunderten bewahrt. Auf einem Bergvorsprung über der Stadt thronte einst das *Castelo dos Mouros* aus dem 8. Jahrhundert, von dessen romantisch überwucherten Ruinen der Besucher heute einen herrlichen Blick auf die Stadt genießt. Der *Paço Real* im Stadtzentrum war über Jahrhunderte Sommerresidenz der portugiesischen Königsfamilie. Vom 15. bis zum 18. Jahrhundert hat man ihn gebaut – zuletzt entstanden seine charakteristischen konischen Riesen-Kamine, unter denen in der Palastküche ein Gastmahl

Rechts: Die gotische Kathedrale von Silves steht auf den Resten einer maurischen Moschee und beherbergt in ihrem Inneren zahlreiche sehenswerte Kunstschätze: darunter Grabsteine von Kreuzfahrern, eine Grabplatte für König João II. und eine gotische Muttergottesstatue mit Kind.

für Hunderte von Personen zubereitet werden konnte. Im Süden der Stadt zieht der *Palácio da Pena* die Besucher an: Das «portugiesische Neuschwanstein» aus dem 19. Jahrhundert erinnert an deutsche Ritterburgen, vermischt mit Stilelementen aller Länder und Zeiten.

Tavira ㉚. Wie man an den Resten der Stadtmauer *(Arco da Misericórdia)* und der auf den Fundamenten einer alten Moschee erbauten Kirche *Santa Maria do Castelo* sehen kann, war Tavira schon zu maurischer Zeit ein wichtiger Ort. Auch Tavira wurde von dem Erdbeben von 1755 schwer getroffen und – ähnlich wie Vila Real de Santo António, aber weniger systematisch – vom Marquês de Pombal als bedeutender Thunfischereihafen wiederaufgebaut. Die meisten der alten Häuser stammen aus dieser Zeit, auch die malerischen Gäßchen auf beiden Seiten des Gilão, die Tavira seinen südlich-verträumten Reiz geben.

Unter den vielen Gotteshäusern der Stadt fällt neben der erwähnten Marienkirche die *Igreja da Misericórdia* von 1541 auf: Sie weist ein schönes Renaissance-Portal auf sowie eine bemerkenswerte Innenausstattung mit Talha Dourada und Azulejos. Vom Hauptplatz, der *Praça da República,* führt eine in ihren Grundstrukturen noch *römische Brücke* über den Gilão.

Tomar ㉛. Die inmitten von Olivenhainen gelegene, aus römischer Zeit stammende Stadt hat ihre Bedeutung vor allem als Sitz der Christusritter erlangt. An deren riesiger *Klosteranlage* auf einer Anhöhe über der Stadt wurde vom 12. bis ins 17. Jahrhundert gebaut: Aus der Anfangszeit ist die sechzehneckige *Templerkirche* erhalten, an sie angebaut wurde die *Christusritterkirche* in manuelinischer Pracht; darunter liegt der Kapitelsaal mit dem weltberühmten kunstvoll verzierten Fenster. Für einen Rundgang durch die *Kreuzgänge* sollte man sich ausreichend Zeit nehmen. Auf dem Weg zurück in die Stadt darf man sich von dem schlichten Äußeren der Kapelle *Nossa Senhora da Conceição* nicht abhalten lassen, einen Blick in den schönen Renaissance-Innenraum zu werfen.

Viana do Castelo ㉜ ist durch die weite Landschaft der Lima-Mündung geprägt, die durch eine Verengung auf der Meeresseite fast zur Lagune wird. Der dadurch entstehende sichere Flußhafen hat schon keltische Siedler angelockt. Es war zu allen Zeiten ein reiches Städtchen, und das zeigt sich im Stadtbild, einem der schönsten der Iberischen Halbinsel: Eng und geschlossen präsentiert sich die Innenstadt mit der *Praça da República* als Zentrum. Hier stehen ein Renaissance-Brunnen, das Alte Rathaus *(Paço do Concelho)* und die im 18. Jahrhundert wiedererrichtete *Misericórdia-Kirche* mit angeschlossenem *Armenhaus.*

Vila Real ㉝ ist der Hauptort der Provinz Trás-os-Montes. Den Mittelpunkt des Städtchens bilden die Avenida Carvalho Araújo und der lange Largo de Camões; beim aufmerksamen Stadtbummel entdeckt man *Häuser aus manuelinischer Zeit.* Die gotische Kathedrale, *Sé,* zeigt noch deutlich romanische Elemente. Kurz hinter Vila Real weist ein Schild auf *Schlößchen* und Weingut der Familie Mateus hin: Hier wird der weltberühmte Mateus Rosé angebaut und gekeltert. Dieser Herrensitz, nicht immer zugänglich, stellt eine Kostbarkeit aus dem 18. Jahrhundert dar; mit etwas Glück kann man einzelne prächtig ausgestattete Räume des noch bewohnten Gebäudes besichtigen.

Der Palácio dos Malheiros Reimões in Viana do Castelo mit einer eigenen Kapelle stammt aus dem 18. Jahrhundert. Nur wenige Schritte entfernt liegt der Hauptplatz der Stadt, die Praça da República, mit dem Alten Rathaus und einem Renaissance-Brunnen.

Viseu ㉞. Immer wieder spielte dieses Städtchen eine besondere Rolle: als Zentrum des Widerstands gegen die Römer unter Viriatus, dessen Denkmal im Nordwesten der Stadt steht; als westgotischer Bischofssitz, als königliche Residenz und vor allem als Heimat der größten und bekanntesten Kunstschule Portugals, die im 16. Jahrhundert unter der Obhut des Malers Vasco Fernandes, genannt «Grão-Vasco», florierte. Man sollte sich deshalb das *Museu Grão-Vasco* neben der Kathedrale nicht entgehen lassen, eine der bedeutendsten Kunstsammlungen Portugals. Die *Sé,* ein ursprünglich romanischer Wehrbau, ist in den folgenden Jahrhunderten mehrmals umgestaltet worden. Die *Igreja da Misericórdia* von 1775 in unmittelbarer Nachbarschaft ist in noch zurückhaltendem Barock erbaut, doch die abgelegene *São-Francisco-Kirche* – im gleichen Jahr erbaut – wurde mit üppigem Schmuck aus Talha Dourada und Azulejos ausgestattet.

AZOREN
0 100 km
ILHA DO CORVO
ILHA DAS FLORES
ILHA GRACIOSA
ILHA DE SÃO JORGE
ILHA TERCEIRA
ILHA DO FAIAL
ILHA DO PICO
ILHA DE SÃO MIGUEL
ILHÉU DAS FORMIGAS
ILHA DE SANTA MARIA
MADEIRA
0 5 km
Ponta do Tristão
Porto Moniz
Ponta de S. Jorge
Santana
São Vicente
Porto da Cruz
Ribeiro Frio
Machico
Ponta de São Lourenço
Calheta
Santa Cruz
Ribeira Brava
Câmara de Lobos
Funchal
Vigo
Ourense (Orense)
Rio Miño
Valença
Monção
Petin
Astorga
Caminha
PARQUE NACIONAL DA PENEDA-GERÊS
Ponte da Barca
Viana do Castelo
La Gudiña
Costa Verde
Minho
Chaves
PARQUE NATURAL DE MONTEZINHO
Barcelos
Braga
Bragança
Póvoa de Varzim
Tras os Montes
Vila do Conde
Guimarães
Mirandela
Amarante
Porto
Vila Nova de Gaia
Penafiel
Vila Real
Alto Douro
Miranda do Douro
Zamora
Rio Douro
Lamego
Douro Litoral
RESERVA BOTÂNICA DE CAMBARINHO
Aveiro
Beira Alta
Viseu
Salamanca
Cabo Mondego
Beira Litoral
P.N. DE SERRA DA ESTRÊLA
Guarda
Figueira da Foz
Coimbra
Ciudad Rodrigo
Serra da Estrêla
Covilhã
Costa de Prata
SPANIEN
Marinha Grande
Leiria
Rio Zêzere
Beira Baixa
Nazaré
Batalha
Alcobaça
Fátima
Cabo Carvoeiro
Caldas da Rainha
Peniche
Tomar
Castelo Branco
Óbidos
Estremadura
Abrantes
Rio Tejo
Cañaveral
Rio Tajo
Pantano de Alcántara
Torres Vedras
Santarém
Alpalhão
Ribatejo
Ra. de Sôr
Cáceres
Sintra
Portalegre
Cabo da Roca
Queluz
Lisboa (Lissabon)
Trujillo
Rio Sorraja
Ra. de Seda
Cascais
Estoril
Alto Alentejo
Ra. de Tera
Elvas
Badajoz
Setúbal
Estremoz
Pantano de Orellana
Rio Sado
Mérida
Rio Guadiana
ATLANTISCHER OZEAN
Évora
Costa Azul
La Albuera
Grândola
Castuera
Sines
Zafra
Baixo Alentejo
Jerez de los Caballeros
Beja
Moura
Costa Dourada
Serpa
Fregenal de la Sierra
Berlanga
Ourique
Cortegana
Mértola
Aljezur
Barranco dos Pisões
Monchique
Algarve
Silves
Alcoutim
Valverde del Camino
Vila do Bispo
Cabo de S. Vicente
Sagres
Lagos
Portimão
Loulé
São Bras de Alportel
Albufeira
Faro
Olhão
Tavira
Vila Real de Sto António
Huelva
PORTUGAL
0 25 km
1 2 3 4 5 6 7 8 9 10 11 12 13 14 15 16 17 18 19 20 21 22 23 24 25 26 27 28 29 30 31 32 33 34
AZOREN
PORTUGAL
SPANIEN
ATLANTISCHER OZEAN
MADEIRA
MAROKKO
KANARISCHE INSELN
0 500 km

Register

Kursive Seitenzahlen verweisen auf Abbildungen.

Personenregister

Orts- und Sachregister

Text- und Bildnachweis

Textnachweis

Fernando Pessoa, Sobre Portugal. Lisboa 1979. Übersetzung von Ana Maria Cortes-Rosa. S. 1.

Die Zitate des Textes auf Seite 69 sind folgenden Quellen entnommen:

Fernando Pessoa: Álvaro de Campos, Poesias / Dichtungen. Übersetzung von Georg Rudolf Lind. Ammann, Zürich, 1987.

Fernando Pessoa, Esoterische Gedichte, Mensagem / Botschaft, Englische Gedichte. Ammann, Zürich, 1989.

Fernando Pessoa: Alberto Caeiro. Dichtungen / Ricardo Reis. Oden. Ammann, Zürich, 1986.

Fernando Pessoa, Das Buch der Unruhe. Ammann, Zürich, 1985.

Bildnachweis

Archiv für Kunst und Geschichte, Berlin: S. 58, 96 l., 122 o.

Bildarchiv Preußischer Kulturbesitz, Berlin: S. 35 o., 37 u., 38 o. und u.l., 60 u.r., 61 u.l., 122 u.r.

Photographie Giraudon, Vanves: S. 34, 35 u.l., M.r. und u.r. 36 (3), 36/37 o., 37 r., 68 (3), 122 l.

Hans-Joachim Holz, Mönchengladbach: S. 96 u., 96/97, 145 (2), 148 o.l. und u.l., 148/149 o.M., 149 o.r.

Länderpress, Düsseldorf: S. 64 u.r., 123.

Ministerio da Cultura e Coordenção Cintifica, Lissabon: S. 69 (3).

Ifa-Bilderteam, Taufkirchen b. München: S. 54/55, 94, 95, 100 o.l., 147 o.

Inter-Foto: S. 60 o.l. und u.l.

Gerhard P. Müller, Dortmund: S. 15 o.r. und u.r. 56/57, 94/95, 126/127, 148 u.r., 149 u.l. und u.r.

Roger Viollet, Paris: S. 59 (3), 60/61 o.

Axel Schenck, München: S. 147 l.

Süddeutscher Bilderdienst, München: S. 38 M.r. und u.r., 39, 60 u.l., 61 o.r. und u.r., 62 (2).

Robert Teufelhart, Schwabhausen: S. 151 (2).

Alle übrigen Abbildungen stammen von Fritz Dressler, Worpswede.

Die Karten auf Seite 99, 146, 150, 152 und 155 zeichnete Astrid Fischer-Leitl, München.

Wir danken allen Rechteinhabern für die Erlaubnis zu Nachdruck und Abbildung. Trotz intensiver Bemühungen war es nicht möglich, alle Rechteinhaber zu ermitteln. Wir bitten diese, sich an den Verlag zu wenden.

Alle Angaben dieses Bandes wurden von den Autoren sorgfältig recherchiert und vom Verlag auf Stimmigkeit und Aktualität geprüft. Allerdings kann keine Haftung für die Richtigkeit der Informationen übernommen werden. Für Hinweise und Anregungen sind wir jederzeit dankbar.

Zuschriften bitte an Verlag C.J. Bucher GmbH & Co. KG, Lektorat, Goethestraße 43, 80336 München.

Impressum

Konzeption: Axel Schenck
Lektorat: Georg Hohenester, Doris Steinbacher
Bilddokumentation: Maria Guntermann
Graphische Gestaltung: Werner Poll
Herstellung: Kristina Kaiser, Angelika Kerscher

Technische Produktion: Fotosatz Ressemann, Hochstadt
Lithographie: Oestreicher + Wagner, München
Druck und Bindung: Druckerei Eberl, Immenstadt

Printed and bound in Germany
ISBN 3 7658 1030 4

Die Nationen Europas
DIE BALTISCHEN STAATEN
ISBN 3-7658-0969-1
DÄNEMARK
ISBN 3-7658-0737-0
DEUTSCHLAND
ISBN 3-7658-0961-6
ENGLAND
ISBN 3-7658-0863-6
FINNLAND
ISBN 3-7658-0942-X
FRANKREICH
ISBN 3-7658-0888-1
GRIECHENLAND
ISBN 3-7658-1015-0
IRLAND
ISBN 3-7658-0923-3
ITALIEN
ISBN 3-7658-0973-X
NORWEGEN
ISBN 3-7658-0859-8
Die einzigartige Dokumentation über die Länder Europas: Kultur und Geschichte, Alltag und Lebensgefühl. DIE NATIONEN EUROPAS – Bücher, die Informationen und Bildgenuß bieten, die Lebensart und Atmosphäre vermitteln.
ÖSTERREICH
ISBN 3-7658-1025-8
PORTUGAL
ISBN 3-7658-1030-4
RUSSLAND
ISBN 3-7658-0889-6
SCHOTTLAND
ISBN 3-7658-0878-4
SCHWEDEN
ISBN 3-7658-0943-8
SCHWEIZ
ISBN 3-7658-0974-8
SPANIEN
ISBN 3-7658-0762-1
UNGARN
ISBN 3-7658-0813-X
Jeder Band 160 Seiten. Durchgehend farbig, historische Bilddokumentation, Karten, Themen-Essays. Format 24 x 30 cm. Gebunden, mit farbigem Schutzumschlag, farbige Europakarte in Vor- und Hintersatz.
BUCHER
Maßstab für Bildbandqualität

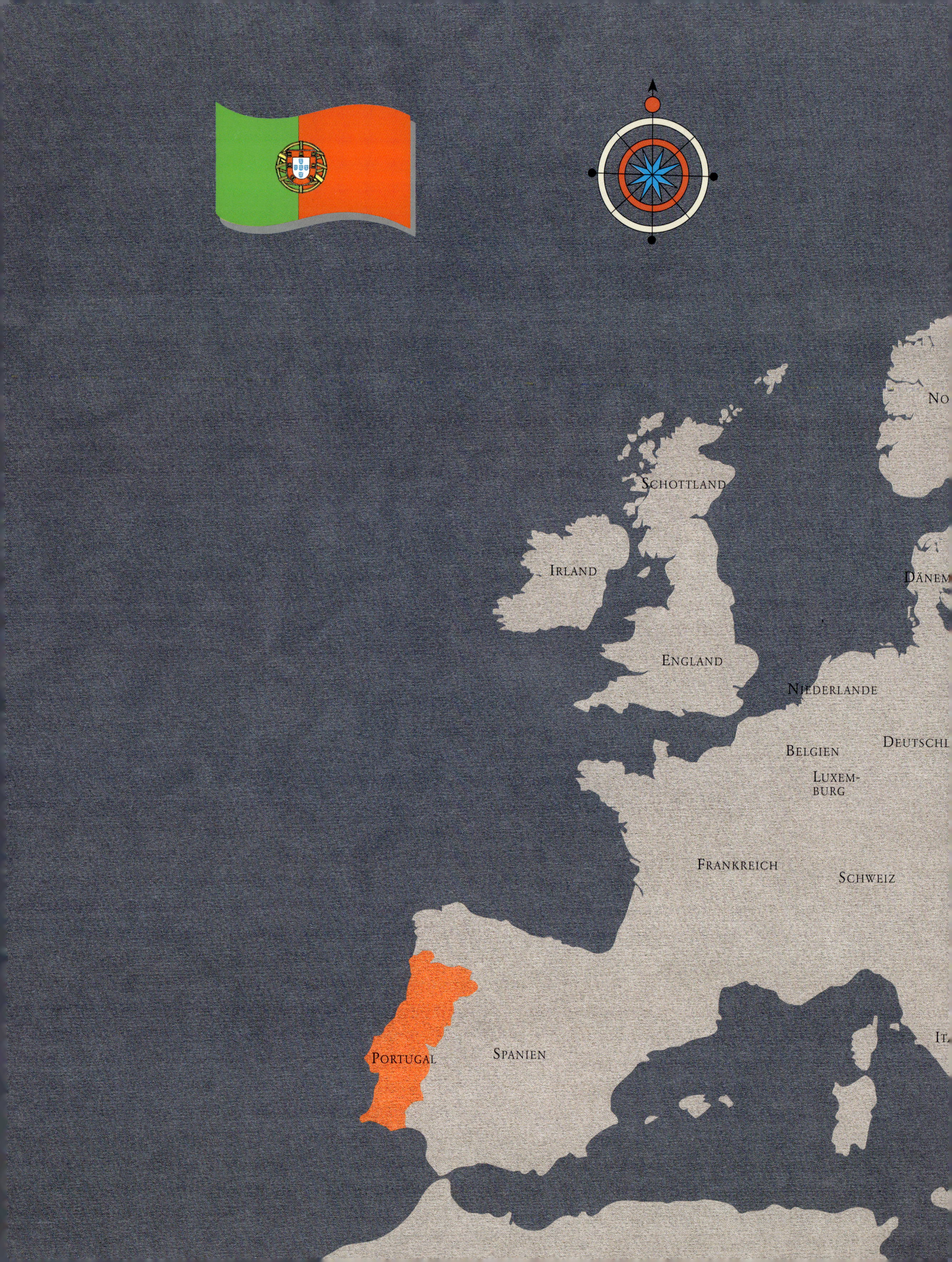

No
Schottland
Irland
Dänem
England
Niederlande
Belgien
Deutschl
Luxem-
burg
Frankreich
Schweiz
Portugal
Spanien
It.